W0248070

LUITGARDIS PARASIE UND
JOST WETTER-PARASIE

Starke Mütter – starke Töchter

LUITGARDIS PARASIE UND
JOST WETTER-PARASIE

Starke Mütter – starke Töchter

Wie sie das Beste aus
ihrer Beziehung machen

neukirchener

MIX
Papier aus verantwortungsvollen Quellen
FSC® C014138

Bibliografische Information der Deutschen Nationalbibliothek:
Die Deutsche Nationalbibliothek verzeichnet diese Publikation in der Deutschen Nationalbibliografie; detaillierte bibliografische Daten sind im Internet über http://dnb.d-nb.de abrufbar.

3. Auflage 2020

Umschlaggestaltung: Agentur 3Kreativ, Essen, unter Verwendung eines Bildes von © Shutterstock kikovic
Lektorat: Rahel Dyck, Bonn
DTP: Magdalene Krumbeck, Wuppertal
Verwendete Schrift: Scala
Gesamtherstellung: Finidr, s.r.o.
Printed in Czech Republic
ISBN 978-3-7615-6412-7 Print
ISBN 978-3-7615-6413-4 E-Book

www.neukirchener-verlage.de

Inhalt

Vorbemerkung und Dank

Dieses Buch haben wir zu zweit geschrieben: Luitgardis Parasie als Pastorin, systemische Familientherapeutin und Mutter von zwei Töchtern sowie Dr. Jost Wetter-Parasie als Arzt und Psychotherapeut.

Danken möchten wir:
Pastorin Ruth Stieber und der Kinder- und Jugendpsychiaterin und Psychotherapeutin Dr. Eileen von Lehmden für die kritische Lektüre des Manuskripts und wertvolle Tipps.
Unseren Töchtern Nora und Brita für ihre Ideen und ihre ganz spezielle Mitarbeit an diesem Buch.
Allen Töchtern und Müttern, die uns erlaubt haben, ihre Geschichte zu veröffentlichen. *Die in diesem Buch dargestellten Fallbeispiele haben wir bewusst verfremdet. Namen, Alter und äußere Umstände wurden so verändert, dass niemand erkennbar ist und die ärztliche und seelsorgerliche Schweigepflicht nicht verletzt werden. Ähnlichkeiten mit lebenden Personen sind rein zufällig.*

Einleitung

Ihr wollt ein Buch über Mütter und Töchter schreiben?", sagt unsere jüngste Tochter Nora, „dann müsst ihr unbedingt die Gilmore Girls gucken. Das haben wir im Studium immer gesehen und vor einigen Jahren gab es nach neunjähriger Pause eine Fortsetzung."

Die Gilmore Girls also, eine amerikanische Soap-Opera mit Kultstatus unter jungen Frauen. Da ist Großmutter Emily, reich, traditionsbewusst und spießig. Ihre Tochter Lorelai hat mit 16 ein Kind bekommen. Sie schlägt sich als alleinerziehende Mutter der inzwischen 16-jährigen Rory durch, die eine Eliteschule besucht.

Wir haben Noras Rat befolgt und mehrere Sendungen angeschaut. Und fragten uns danach: Was fasziniert junge Frauen an dieser Serie?

Lorelai ist liebenswert und chaotisch, sie hat wechselnde Männerbeziehungen und ein angespanntes Verhältnis zu ihren Eltern. Sie ist rebellisch, desorientiert und irgendwie immer auf der Suche. Eine flippige Mutter, mehr Freundin als Erzieherin, mehr Anti-Heldin als Vorbild. Eigentlich erzieht sie ihre

Tochter Rory nicht, sondern behandelt sie wie eine enge Vertraute. Verhaltens- und Erziehungstipps richtet eher Rory an Lorelai als umgekehrt. Mit dieser Konstellation aber sind Kinder und Jugendliche in der Regel überfordert. Rory ist denn auch im Prinzip viel zu vernünftig für ein Mädchen mitten in der Pubertät, sie ist frühreif und ein bisschen altklug. Rorys Pubertätsausreißer kommen erst sehr spät, als sie schon die Schule beendet hat. Zum Beispiel betrügt sie ihren langjährigen Freund irgendwann und ist dann mit einem anderen zusammen, doch auch diese Beziehung hält nicht lange. Wie bei Lorelai sind Rorys Beziehungen zu Männern instabil. Sie hat One-Night-Stands oder ihre Partner sind verheiratet. Mit Großmutter Emily kommt Rory gut aus und hat das richtige Händchen für den Umgang mit ihr. Auch hier zeigt Rory ein viel besonneneres Verhalten als ihre Mutter.

Nora meint: „Ich glaube, die enge Beziehung zwischen Mutter und Tochter beeindruckt die Zuschauerin. Sie sind wie beste Freundinnen und immer wieder auch ähnlich verrückt. Sie teilen Leidenschaften wie unvernünftig viel Kaffee trinken, nächtelang irgendwelche Fernsehsendungen ansehen, sich chinesisches Essen bestellen. Außerdem haben sie einen ähnlichen Humor und in vielem die gleichen Ansichten. Sie machen sich über viele Gegebenheiten in ihrem kleinen Ort Stars Hollow lustig und sie können beide gleich schnell sprechen."

Ist Rory das Leitbild junger Frauen von heute? In der Tat sind die ja oft strukturierter als ihre Mütter, die vielfach von der 68er-Generation geprägt waren. Hieß es damals etwa: „Wer zweimal mit derselben pennt, gehört schon zum Establishment", so steht Treue heute unter Jugendlichen wieder hoch im

Kurs.[1] Und viele junge Frauen heute haben in der Tat eine viel engere Beziehung zu ihrer Mutter als diese zu ihren Müttern hatten. Auch darin sind die Gilmore Girls ein Spiegel unserer Zeit. Entwicklungspsychologen sagen allerdings, es brauche ein Mindestmaß an Rebellion, um erwachsen zu werden. Eine durchgehend kumpelhafte freundschaftliche Beziehung zwischen Mutter und Tochter ist also aus psychologischer Sicht nicht unbedingt ratsam. Denn diese führt dazu, dass viele junge Frauen zwischen 20 und 30 Jahren „sowohl emotional als auch finanziell noch stark von den Eltern abhängig" sind.[2]

Die neue Staffel der Gilmore Girls im Jahr 2016 endet damit, dass Rory, inzwischen 32, ihrer Mutter eröffnet: „Ich bin schwanger." Von wem, bleibt offen, denn es kommen zwei Väter infrage. Aber Rory wird es schaffen, irgendwie, da kann die Zuschauerin sicher sein. Denn auch ihre Mutter hat es geschafft, sie ist zwar chaotisch und manchmal unvernünftig, aber auch zielstrebig: Sie hat sich in ihrem Job hochgearbeitet und schließlich ein eigenes Hotel eröffnet. Und bei allem Chaos und allen erzieherischen Defiziten hat sie ihrer Tochter doch ein stabiles Fundament mitgegeben, nämlich das Gefühl: Ich finde dich großartig und bin an deiner Seite, was auch passiert. Auch wenn du Mist baust, stehe ich zu dir.

Ist es das, was junge Frauen ersehnen? Eins hat Rory ja mit allen Frauen gemein: Keine hat eine perfekte Mutter, denn die gibt es nicht. Wie können Mütter-Töchter-Beziehungen gelin-

---

1 Laut der Shell-Jugendstudie ist 71 % der männlichen Jugendlichen und 83 % der weiblichen Jugendlichen Treue in der Beziehung wichtig: Albrecht/Hurrelmann (Hg.) 2015, S. 63.

2 Feuerbach 2017.

gen, obwohl Mütter so viele Fehler machen? Und wie können Töchter trotzdem von schwierigen Müttern profitieren? Die Serie Gilmore Girls thematisiert das auf unterhaltsame Weise.

Frauen haben heute so viele Wahlmöglichkeiten wie wohl nie zuvor. Sie können selbst entscheiden, welchen Beruf sie erlernen, wen oder ob sie heiraten, wie viele Kinder sie bekommen, ob sie Karriere machen oder sich um ihre Familie kümmern. Das war vor 50 Jahren noch ganz anders. Bis in die 70er-Jahre des letzten Jahrhunderts etwa mussten Pastorinnen aus ihrem Beruf ausscheiden, wenn sie heirateten.

Nur eins können Frauen trotz aller Genderentwicklung bis heute nicht selbst bestimmen: Sie bleiben immer Tochter einer Mutter.

Die Mutter-Tochter-Beziehung ist oft kompliziert und nicht gelassen und entspannt. „Aber wie auch immer die Gefühle zwischen Mutter und Tochter aussehen mögen, beide Frauen sind zutiefst miteinander verbunden, wissen aber nicht immer, wie sie sich gegenseitig erreichen, wie sie ihrer Verbindung eine Form geben können, die beiden guttut und jeder die Freiheit lässt.“[3]

Von manchen Frauen wird die Mutter auf einen Sockel gestellt. „Ich liebe meine Mutter abgöttisch“, sagte mir mal eine Frau. Aber die Mutter zu idealisieren hilft nur begrenzt dabei, zu einer eigenen Identität als Frau zu finden. Ohne Ablösung funktioniert es nicht. Das Urbild der Mutter ist übrigens für viele Frauen Maria. Deshalb hat unser Freund, der Jesuitenpa-

3 Bisig-Theiler 2013, S. 27.

ter Manfred Hösl, ein Kapitel über diese „Mutter aller Mütter" für unser Buch beigesteuert.

Andere Frauen bekamen viel aufgebürdet. Ja, es gibt schreckliche Mütter. Die „böse Stiefmutter" war denn auch in der ursprünglichen Fassung mancher Märchen die böse Mutter, das wurde erst später entschärft. Manche Frauen sind richtige Drachen. Aber – Drachenblut macht in der Sage auch unverwundbar!

Ob Sie nun eine unbeschwerte Mutter-Tochter-Beziehung haben oder eine problematische, eine sehr enge oder eine distanzierte, die Herausforderung ist die gleiche: Wie nutze ich das, was ich mitbekommen habe, und wie mache ich das Beste daraus? Wir sind überzeugt: Auch an schwierigen Müttern können Frauen stark werden. Denn „die Kindheit sagt viel über die Vergangenheit und die Gegenwart eines Menschen aus, aber nichts über seine Zukunft"[4].

---

4 Umek 2011, S. 58.

Mütter haben eine Geschichte

Die andere Schwester

Ach, wie sehr hätte ich mir gewünscht, dass meine Mutter offen mit mir über unsere komplizierte Familiengeschichte gesprochen hätte. Aber Informationen kamen immer nur häppchenweise und bruchstückhaft. Wenn ich nachfragte, hieß es: „Lass doch diese alten Geschichten."

Ich bin die älteste von drei Schwestern und bekam früh viel Verantwortung aufgedrückt. Meine Mutter war berufstätig und so musste ich meine jüngste Schwester zur Sehschule und zum Logopäden begleiten. Als ich 14 war, fuhren meine Eltern drei Wochen zur Kur. Ich musste mit meiner kleinsten Schwester zu Hause bleiben und auf sie aufpassen. Nachts hatte ich schreckliche Angst, wenn im Haus irgendwas knackte. Wir beide allein zu Hause, das ging auch sonst nicht besonders gut, denn meine Schwester war sehr eigensinnig. Aus Verzweiflung sperrte ich sie irgendwann ins Klo ein, aber sie trat die Tür ein. Bis zur Rückkehr meiner Eltern war ab da meine größte Sorge: Welche harmlose Geschichte erfinde ich für meine Mutter, um die kaputte Tür zu erklären? Ich fürchtete mich vor ihrem Zorn.

Dem Maß an Verantwortung entsprach in keiner Weise die Freiheit, eigene Entscheidungen treffen zu dürfen. Einerseits musste ich früh Erwachsenenaufgaben übernehmen, andererseits wurde ich bis zu meinem Auszug aus dem Elternhaus wie ein Kleinkind behandelt. Meine Mutter übte eine rigorose Zwangsherrschaft aus und da gab es null Verhandlungsspielraum. Kleider mussten stets das Knie bedecken – in Zeiten des Minirocks! Hosen für Mädchen: verboten. Tanzkurs gestrichen, Disco und Partys kamen schon gar nicht infrage. Ich bin sofort nach dem Abitur ausgezogen. Was für eine Erleichterung, ab jetzt selbst bestimmen zu dürfen.

Ja, sie hat es sicher gut gemeint. Wollte alles richtig machen und war zeitweise auch überfordert mit Vollzeitjob, drei Töchtern und einem zunehmend pflegebedürftigen Mann. Heute denke ich, sie hatte einfach sehr viel Angst, auch aufgrund ihrer eigenen Geschichte. Und die war in der Tat abenteuerlich.

Eines Tages lag meine Mutter mit Grippe im Bett. Ich brachte ihr das Essen, damals war ich 17, und setzte mich zu ihr. Beiläufig sagte sie irgendwann: „Du hast eine Schwester, die heißt auch Luitgardis.“ Ich fiel aus allen Wolken. „Wie bitte?“ Noch eine Luitgardis? Wo kam die auf einmal her? Ich wusste von drei Halbgeschwistern aus der ersten Ehe meines Vaters. Keine hieß Luitgardis. Mit wachsendem Erstaunen erfuhr ich nun, dass mein Vater neben dieser Ehe ein Verhältnis mit seiner Sekretärin gehabt und mit dieser zwischen 1946 und 1952 weitere vier Kinder gezeugt hatte. „Diese Adriana hat er wohl sehr geliebt“, sagte meine Mutter, „aber sie hat ihn verlassen und ist wieder in ihre Heimat, nach Belgien, gegangen.“ Ich fragte: „Aber wie konntest du zulassen, dass ich auch Luitgardis genannt wurde?“ – „Bei deiner Geburt wusste ich das noch nicht“, sagte meine Mutter, „ich hab es erst später erfahren und es war ein ganz schöner Schock für mich.“

So schnell kann sich die Familie erweitern – auf einmal bekam ich vier Halbgeschwister zusätzlich beschert, der jüngste nur zwei Jahre älter als ich. Leider kam so ein Moment der Offenheit nie wieder. Meine Mutter wollte nicht mehr über Adriana reden und meinen Vater traute ich mich damals nicht darauf anzusprechen.

Warum wird eigentlich in Familien so viel unter den Teppich gekehrt und totgeschwiegen? Die Bibel tut das nicht. Offen wird von Abrahams oder Davids Frauengeschichten berichtet. Man erfährt, dass der Priester Eli ein miserabler Vater war und Absalom ein missratener Sohn. Über Mutter-Tochter-Beziehungen allerdings schweigt sich die Bibel ziemlich aus.

Meine Mutter war eine gläubige Christin. Als jedoch mein Mann und ich das erste Mal meine älteste Halbschwester Hilde in Brügge besuchten und von ihr viel über das frühere Leben meines Vaters erfuhren, schrieb meine Mutter Hilde einen Brief, in dem sie ihr verbot, über unseren Vater „schlecht zu reden“. Dabei war Hilde drei Jahre älter als meine Mutter und völlig befremdet darüber, dass die sich anmaßte, ihr Vorschriften zu machen! In der Bibel steht übrigens nirgends, dass man die Vergangenheit verschweigen und beschönigen sollte. „Die Wahrheit wird euch frei machen“, sagt Jesus, und das kann man durchaus auch auf die eigene Familie beziehen. Lügen und Geheimnisse sind nämlich oft sehr mächtig, binden Kräfte und Fantasien, wirken zerstörerisch. In der

Regel ist es besser, den Tatsachen ins Auge zu sehen. Dann kann man entscheiden, wie man damit umgehen möchte. Die Herausforderung dabei ist, die Mütter (und Väter) zu ehren, obwohl sie fehlerhafte und manchmal schwer schuldbeladene Menschen sind.

Als Kind habe ich den Namen Luitgardis gehasst. Jedem Lehrer musste ich ihn buchstabieren und die Mitschüler lachten. Luitgardis ist die Schutzpatronin der Flamen, hatte mir mein Vater erklärt: Luit ist das flämische Wort für Leute und gardis leitet sich ab von garder, beschützen. Leutebeschützerin also, nun ja. Nomen est omen? Mein Vater hätte sich jedenfalls nie träumen lassen, dass ich mal Pastorin werde, denn mit der Kirche hatte er nichts am Hut. Das Herz von Firmin-Peter Parasie schlug für Flandern, nicht für Gott. 1897 in Gent, Belgien, geboren, wurde er von flämischen Lehrern geprägt und hielt nichts vom belgischen Staat, der im Norden von Niederländisch sprechenden Flamen und im Süden von Französisch sprechenden Wallonen bewohnt wird. Das Miteinander war seit der Staatsgründung 1830 nicht reibungslos verlaufen, die Flamen, obschon die Mehrheit, fühlten sich von den regierenden Wallonen unterdrückt. Als Firmin-Peter studierte, spitzte sich der flämisch-wallonische Konflikt für ihn persönlich zu: 1916 schrieb er sich an der Universität Gent ein – voller Enthusiasmus, denn gerade war sie von einer wallonischen in eine flämische Universität umgewandelt worden. Zwei Jahre später jedoch folgte die Katastrophe für die Flamen: Alle seit 1916 eingeschriebenen Studenten wurden zwangsexmatrikuliert und ein Studienverbot über sie verhängt. Die Uni Gent wurde wieder wallonisch.

Kein Wunder, dass die Ex-Gandavenses, wie sich die Exmatrikulierten nannten, die schärfsten Kritiker der belgischen Regierung wurden. Mein Vater wurde Journalist, arbeitete für die Rheinisch-Westfälische Zeitung und das Deutsche Nachrichtenbüro und gründete 1930 sein eigenes flämisches Blatt, die 14-tägig erscheinende Zeitschrift Reinaert (Fuchs). Darin griff er die belgische Politik mit beißendem Sarkasmus an.

Von alledem hatte ich als Kind nur vage Ahnungen. Vieles weiß ich bis heute nicht. Mein Vater starb 1976, da war ich 22, ich kann ihn leider nicht mehr fragen. Und meine Mutter? Ich glaube, vieles wollte sie gar nicht so genau wissen. Denn mit ihrer übereilten Eheschließung hatte sie sich in etwas hineingestürzt, dessen Ausmaße sie nicht im Entferntesten ahnte.

Sie lernte meinen Vater im April 1953 kennen, drei Monate später heiratete sie den 27 Jahre Älteren. Sie wusste damals: Er war aus Belgien geflohen, am Ende des 2. Weltkriegs. Zuerst nach Prag, dann nach München. Alles hatte er zurücklassen müssen, seine Bücher und, das Schmerzlichste für den passionierten Klavierspieler, seine Noten. In Prag hatte er promoviert über „Die Presse in Belgien“. In sein geliebtes Flandern konnte er nie mehr zurück: Der belgische Staat hatte ein Todesurteil über ihn und andere politisch Gleichgesinnte verhängt. Dabei hatte er sich doch immer nur mit Leib und Seele für die Flamen eingesetzt. Nun arbeitete er in Deutschland als Lehrer für Latein, Französisch und Gemeinschaftskunde. – So stellte es sich der 28-jährigen Ruth dar. Der Mann faszinierte sie und seine tragische Geschichte erschütterte sie. Er umwarb sie stürmisch, sie hatte jedoch zwei Probleme mit seinem Heiratsantrag: Firmin-Peter war von seiner ersten Frau geschieden, sie lebte in Gent. Einen geschiedenen

Mann zu heiraten, kam für Ruth nicht infrage. Doch eines Tages kam eine Postkarte. Ein Freund schrieb Firmin-Peter, die erste Frau sei gestorben. Was für ein überaus passender Zeitpunkt. Ruth jedoch wurde nicht misstrauisch oder wollte es nicht werden.

Aber es gab noch ein zweites Problem: Peter war aus der katholischen Kirche ausgetreten. Für den Glauben hatte er nur Spott übrig. Sie hingegen stammte aus einer christlichen Familie. Die Eltern waren nie in der NSDAP gewesen, die sechs Kinder nicht in den Nazi-Jugendorganisationen HJ und BdM. Sie waren in der Schule vielen Schmähungen ausgesetzt gewesen, durch Klassenkameraden wie auch nazitreue Lehrer. Ruths Vater, der sich offen zu jüdischen Mitbürgern bekannte, schrammte immer an der Grenze zur Verhaftung entlang. Ruth hatte wegen „politischer Unzuverlässigkeit" nicht ihren Traumberuf Lehrerin erlernen dürfen. Nach dem Krieg gründete sie mit ihrer älteren Schwester ein Taxiunternehmen. Mit ihrem Verdienst fütterten sie die Mutter und die vier jüngeren Geschwister durch, denn der Vater war 1947 gestorben. Ruth teilte den Glauben ihrer Eltern. Ein ungläubiger Ehepartner war keine Option. Sie hatte schon einen anderen Freund deswegen abgelehnt. Was also tun mit dem Heiratsantrag dieses interessanten, aber irgendwie auch gebrochenen Bewerbers? Ruth fragte ihren Pastor. Der sagte: „Ach, ein so verbitterter Mann, dem muss man doch helfen." Ehe als Seelentherapie, das klang doch wirklich christlich. Ruth war sofort überzeugt. „Der braucht mich" – das fühlte sich richtig an. Es würde schon gut gehen. Ein Jahr später wurde ich geboren, bald kamen noch zwei jüngere Schwestern dazu.

Aber es ging nicht alles gut. Ruth hatte die Altlasten ihres Mannes vollkommen unterschätzt. Bald stellte sich heraus, dass seine erste Frau noch lebte, tatsächlich starb sie sogar erst zwei Jahre nach ihm. Sie hoffte bis an ihr Lebensende, dass Firmin-Peter zu ihr zurückkehren würde. So sagte es Hilde, meine Halbschwester, die 2019 mit 98 Jahren gestorben ist. Sie war nicht gut auf unseren Vater zu sprechen, fand ihn tyrannisch und jähzornig. Und sie hat ihm nie verziehen, dass er damals ihre Mutter mit seiner Sekretärin betrogen hat.

Der Jähzorn war geblieben. „Das ging gleich im ersten Ehejahr los“, erinnert sich meine Tante, „da flog schon mal die Bratpfanne durchs Treppenhaus“. Als Kinder haben wir erlebt, wie unser Vater, laut auf Flämisch fluchend, Tische und Stühle im Wohnzimmer umwarf und meine Mutter an den Haaren riss. Sie flüchtete sich weinend ins Schlafzimmer, wir rannten verängstigt hinterher und baten: „Mutti, lass dich doch scheiden.“ Bei einem dieser Wutanfälle ging mein Vater mit dem Brotmesser auf mich los. Ich floh in eine Ecke, hielt schützend den Arm über den Kopf, er schlug zu – die Narbe an meinem Ellenbogen sah man über Jahre. Meine Mutter sagt, sie hätte das nicht gewusst. Sie konnte mich nicht schützen. Eher war es so, dass ich oft das Gefühl hatte, ich müsse sie schützen und mich um sie kümmern. Denn oft ging es ihr schlecht, dann nahm sie Valium, um über die Runden zu kommen.

Meine Mutter war allerdings auch nicht gerade ein Muster an Diplomatie, sie stand meinem Vater nicht viel nach in puncto Eigensinn. Als er älter wurde, kränker, mehr von ihr abhängig, wurde es besser. Ihr Lehrerinnen-Gehalt bildete bald den Grundstock des Familieneinkommens. Sie sah es als Fügung:

Was die Nazis ihr verwehrt hatten, machte Gott möglich. Ihren Wunschberuf Lehrerin konnte sie mit 40 Jahren doch noch erlernen und bis zu ihrer Pensionierung ausüben. Da gab es dann mehr und mehr friedliche Zeiten, Fürsorge, ja auch Zärtlichkeit. Man konnte sich mit ihm über so vieles unterhalten, Politik, Musik. Opernmelodien spielte er auswendig auf dem Klavier und gab uns Klavierstunden. Er besaß und kannte alle Shakespeare-Dramen, die klassische und die einschlägige modernere Literatur, Fallada, Ibsen, George Bernhard Shaw. Und er trauerte oft darüber, dass er in dem Dorf in der Lüneburger Heide, wo wir lebten, so wenig Zugang hatte zu Opern, Konzerten, Theater. Wir machten Urlaub in Holland, da konnte er niederländisch sprechen. Und in Südfrankreich jedes Frühjahr – auch französisch sprach er gerne, seltsam eigentlich, wo er doch früher so gegen die französische Vorherrschaft in Belgien gekämpft hatte.

Ich weiß nicht, ob meine Mutter je den wahren Grund für das Todesurteil über meinen Vater erfahren hat. Und falls ja, wie hat sie, die von den Nazis Benachteiligte, das verkraftet? Ich selbst fand es erst heraus, als ich nach ihrem Tod die Papiere meiner Eltern sortierte: Kollaboration mit den Nationalsozialisten, las ich da. Mein Vater hatte wohl darauf gesetzt, dass sie die flämische Sache unterstützen würden. Aber, noch schlimmer: 1941 hatte er für die SS als Übersetzer gearbeitet. Ein Münchener Gericht erklärte das belgische Urteil 1953 für in Deutschland nicht rechtskräftig: Es sei gefällt worden, ohne die Verurteilten anzuhören, und habe nicht berücksichtigt, dass sie zu ihrer Tätigkeit gezwungen worden waren. Acht Jahre hatte mein Vater bis dahin als Illegaler unter falschem Namen in München gelebt. Nun konnte er das Versteckspiel endlich aufgeben und sich eine bürgerliche Existenz aufbauen. Nach Belgien zu reisen wagte er jedoch bis an sein Lebensende nicht mehr.

Leider ist meine Namens- und Halbschwester Luitgardis 2012 gestorben. Ich habe sie nie kennengelernt. Doch im Sommer 2012 habe ich mit meinem Mann zum ersten Mal einen Halbbruder in Gent besucht, der wie jene andere Luitgardis ein Kind von Adriana ist. Da bin ich noch einmal tief eingestiegen in die Schicksale meiner Halbgeschwister und ihrer Mütter. Ich war erschüttert und bedrückt. Doch am Morgen, bevor wir den Halbbruder besuchten, lasen wir die Losung: „Unser Gott wandte den Fluch in Segen.“[5] Das traf den Nagel auf den Kopf, ging mir direkt ins Herz. Gott kann Schuld und schlimme Verstrickungen in Segen verwandeln. Und das gilt auch für schwierige Mutter-Tochter-Beziehungen. Für mich änderte dieser Bibelvers die Perspektive. Ich frage mich jetzt: Wo sind Gottes Spuren in der Geschichte mit meiner Mutter? Und was ist Gottes Aufgabe für mich, um diese Geschichte vielleicht anders und besser fortzuführen?

Wo sind Gottes Spuren in der Geschichte mit meiner Mutter?

Wenn Gefühle Luxus sind

„Meine Mutter ist Anfang 90 und seit einigen Jahren verwitwet“, sagt Katja. „Sie wohnt 300 km entfernt. Mein ganzes Leben

---

5 Nehemia 13,2, Luther 1984.

lang hat sie mich kritisiert. Ich kann ihr nichts recht machen. Egal, wie oft ich sie anrufe oder besuche, immer wirft sie mir vor, dass ich mich zu wenig um sie kümmere. Sie ist eine Meisterin darin, mir ein schlechtes Gewissen zu machen."

Ja, Mütter geben ihren Töchtern viel. So viel, wie sie ihnen nie zurückgeben können. Deshalb ist es auch so leicht, den Töchtern ein schlechtes Gewissen zu machen. Und damit können Mütter ihren Töchtern das Leben ganz schön schwer machen.

Frauen, die jetzt um die 90 sind, sind um 1930 geboren. Als der Zweite Weltkrieg begann, waren sie neun, als er endete, 15 Jahre. Ihre Kindheit und Jugend fiel in diese furchtbare Zeit. Da konnte oft nicht viel Rücksicht auf die Bedürfnisse von Kindern genommen werden. Die Kinder mussten sich durchkämpfen. Es ging ums Überleben. Gefühle waren Luxus, Anerkennung Mangelware. „Nicht geschimpft ist gelobt genug", hieß die Devise. Manche mussten in der Nachkriegszeit sofort Geld verdienen, um mit für den Lebensunterhalt ihrer Familie zu sorgen. Denn die meisten Väter waren im Krieg geblieben und fielen als Verdiener aus. Daran sind viele Frauen stark geworden, aber manchmal auch hart. Jedenfalls nach außen.

Es ist ähnlich wie bei einem Igel. Wenn er sich bei Gefahren schützen will, rollt er sich zusammen und zeigt nur noch seine Stacheln. Die weiche Bauchseite wird versteckt. Die Stacheln machen den Igel unangreifbar. Wer ihm zu nahe kommt, wird verletzt.

Manche Mütter sind aufgrund ihrer Geschichte „stachelig" geworden. Sie haben viel geleistet und erwarten nun auch viel von ihren Töchtern. Die Lösung kann jedoch nicht darin bestehen, dass die Tochter sich von ihrem schlechten Gewis-

Manche Mütter sind aufgrund ihrer Geschichte „stachelig" geworden.

sen hin- und herschieben lässt. Sie darf vielmehr die Handelnde werden und aktiv die Regeln bestimmen, klare Vereinbarungen treffen. Katja könnte ihrer Mutter beispielsweise sagen: „Einmal in der Woche rufe ich dich an. Und einmal im Monat komme ich dich besuchen. Ich unterstütze dich auch gerne dabei, Hilfe vor Ort zu organisieren." – Möglicherweise kann auch die Mutter mit solchen verlässlichen Absprachen besser leben. Und vielleicht könnte Katja bei diesen Besuchen auch mal nach früher fragen, nach Mutters eigener Kindheit. Manche alte Menschen erzählen gerne davon. Es könnte Katjas Verständnis dafür vergrößern, warum ihre Mutter in manchem so hart und unbeugsam geworden ist. Und vielleicht bekommt Katja dann irgendwann statt der Stacheln das weiche Fell des Bauches gezeigt.

Eine verlassene Frau? – Die Perspektive wechseln

Eine andere Geschichte schleppt Ute mit sich herum. Ihr geschiedener Mann hat sie vor 20 Jahren wegen ihrer besten Freundin verlassen und ist jetzt mit dieser verheiratet. Ute kann den beiden nicht vergeben. Das belastet auch ihre Tochter, die bei der Trennung 21 war. Die Verbitterung ihrer Mutter ist für sie schwer auszuhalten. Immer wieder muss sie sich die alten Geschichten anhören. Über den Mann, der ihr Vater ist und an den sie auch gute Erinnerungen hat. Beim Vaterunser lässt Ute die Bitte „Wie wir vergeben unsern Schuldigern" immer aus.

Ute ist eine gewissenhafte Frau. Darum ist es schwer für sie, wenn andere sich scheinbar locker über Grenzen hinwegsetzen. Ihre Freundin hat ihr den Mann ausgespannt. Seit 20 Jahren trägt sie den beiden das nach.

Nach-tragen: Wenn man das wörtlich nimmt, wer trägt denn da die Last? Es ist so, als ob Ute einen schweren Stein hinter ihrem früheren Mann und seiner Frau herschleppt, ihnen den nachträgt. Die merken davon gar nichts. Ute selbst quält sich und müht sich ab mit der Last, wird krumm und gebeugt. Und auch die Tochter kriegt ihren Teil davon ab. Sie hat einerseits ständig Schuldgefühle und den Eindruck: Ich kümmere mich nicht genug darum, dass es Mutter besser geht. Und andererseits empfindet sie Wut und ärgert sich, dass ihre Mutter es sich so schlecht gehen lässt und alle Aufmunterungsversuche nicht helfen.

Wie wir vergeben unsern Schuldigern – Vergeben würde bedeuten, den Stein wegzuschmeißen, der auf Utes Seele lastet und sie bitter macht. Sich von dem Stein befreien geht leichter, wenn Ute an die schönen Seiten in ihrem Leben denkt. An alles, was gut lief und wofür sie dankbar sein kann: zwei gesunde Enkelkinder, einen Beruf, der ihr Freude macht, nette Nachbarn und Freunde. Es ist nicht Schicksal, sondern Utes Entscheidung, aus welchem Blickwinkel sie ihre Geschichte erzählt.

Ich denke an eine vor Kurzem verstorbene 87-Jährige, die bereits im zweiten Ehejahr mit gerade geborenem Kind von ihrem Mann verlassen wurde. Sie hat nie wieder geheiratet und bis zu ihrem Tod über sich gesagt: „Ich bin eine verlassene Frau." Was für eine niederschmetternde Selbstwahrnehmung. Und was macht das mit der Tochter, wenn ihre Mutter sich nur aus dieser Perspektive sieht? Es gäbe über diese Frau und auch über Ute sicher mehr und Wertschätzenderes zu berichten. „Ich bin eine gute Mutter. Eine liebevolle Oma. Eine beliebte Nachbarin. Eine zuverlässige Kollegin und Freundin. Ich habe ein erfülltes Leben, auch ohne Mann."

Sicher, es ist beeindruckend, wie gewissenhaft Ute mit dem Vaterunser umgeht. Aber hilft das, so ein amputiertes Vaterunser? Wie fühlt es sich an, wenn man es betet und diesen Satz auslässt: „Wie wir vergeben unsern Schuldigern"? Da hegt und pflegt man doch die Verbitterung bei jedem Gebet. So kann sie munter weitergedeihen und ihr Gift ins Gemüt träufeln lassen.

Auch wenn Utes Seele anfangs noch nicht hinterherkommt: Vielleicht sollte sie probieren, das Vaterunser wieder vollständig zu beten. Manchmal stellt man dann fest, dass man da hineinwächst, nach und nach. Die Wirkung dieses Gebets würde nicht nur Ute, sondern auch ihre Tochter von einer schweren Last befreien. Sie beide könnten selbstbewusster und mit geradem Rücken durch die Welt gehen. Und die Tochter muss nicht Mutters Jammern seufzend ertragen und dagegen ankämpfen, sondern sie wird stolz auf ihre Mutter sein. Denn ihr wurde zwar übel mitgespielt, aber sie hat sich nicht unterkriegen lassen. Sie ist gelassen und großmütig und macht das Beste aus ihrem Leben. Und eines Tages, vielleicht bei der Hochzeit des Enkelkindes, kann Ute mit ihrem früheren Mann und dessen Frau auf das junge Paar anstoßen.

Vergeben befreit von einer schweren Last und macht selbstbewusst.

Mut zur Wahrheit

Stefanie ist glücklich verheiratet und hat mit ihrem Mann zwei Söhne. Aus einer früheren Beziehung hat sie eine Tochter. Der Vater zahlt Unterhalt für sein Kind, es gibt aber keinen Kontakt. Die Kleine ist inzwischen sieben und sagt Papa zu ihrem Stiefvater. Der behandelt sie wie seine eigenen Kinder. Sie weiß nichts von ihrem leiblichen Vater. Stefanie will das nicht, denn er hat sie damals im Stich gelassen, als sie schwanger wurde, und nie nach seinem Kind gefragt. Außerdem fürchtet sie, dass ihre Tochter mit den komplizierten Familienbeziehungen überfordert wäre. Aber manchmal fragt sie sich, ob sie das Richtige tut.

Ja, es klingt nach heiler Welt: Vater, Mutter, Kind. Alles läuft rund. Und doch meldet Stefanies Gefühl eine Unebenheit. Denn eine wichtige Person wird ausgeblendet: Der leibliche Vater. Immerhin entzieht er sich den Unterhaltszahlungen nicht. Wäre es nicht fair, ihm den Kontakt zu seinem Kind zu ermöglichen, sofern er es möchte? – Aber abgesehen von seinen Wünschen oder Rechten: Irgendwann wird Stefanies Tochter doch von ihm erfahren müssen. Es sind ihre Wurzeln, es ist ihre und ihrer Mutter Geschichte. Sie hat seine Gene, sieht ihm vielleicht auch ähnlich. Egal, wie er sich verhält, er ist und bleibt wichtig für sie, denn von ihm stammt sie ab. Außerdem haben Kinder sehr feine Sensoren, sie spüren oft instinktiv, wenn etwas nicht stimmt. Zur Wahrheit gibt es also keine Alternative.

Stefanies Tochter ist jetzt sieben Jahre alt, es ist allerhöchste Zeit, dass Stefanie ihr sagt, was Sache ist, und ihre Herkunft offenlegt. Denn je länger Stefanie es hinauszögert, desto mehr wird ihre Tochter sich verraten fühlen, wenn sie es schließlich erfährt. Ich kenne eine Frau, deren Eltern ihr erst mit 10 sagten, dass sie adoptiert wurde. Sie sagte mir: „Ich fühlte mich so belogen. Im Nachhinein stand meine ganze Kindheit im Licht von Falschheit. Alle um mich herum wussten es, die Verwandten, die Freunde, die Nachbarn – nur ich als Hauptbetroffene nicht. Mein Vertrauen zu meinen Adoptiveltern war schlagartig zerstört. Und es dauerte lange, bis es wieder wuchs."

Was könnte denn passieren, wenn Stefanies Tochter die Wahrheit erfährt und ihren Vater treffen möchte? Im schlimmsten Fall will er nichts von ihr wissen. Das tut weh, aber sie wird damit klarkommen, denn Stefanie und ihr Mann kümmern sich ja um sie. Im besten Fall bekommt sie jedoch Kontakt zu ihrem Vater, womöglich auch zu den Großeltern väterlicherseits. Dann hätte sie eine weitere Anlaufstelle, wo Menschen Interesse an ihr zeigen. Und von solchen Beziehungen kann man doch eigentlich nie genug haben.

Die Tragik im Leben der Mutter erkennen

Dass sie adoptiert war, war für Jennifer Teege von Anfang an offensichtlich. Schließlich waren ihre beiden Brüder weiß, sie aber hatte eine dunkle Haut. Sie war aus einer Affäre ihrer leiblichen deutschen Mutter mit einem Nigerianer hervorgegangen. Die Mutter hatte sie mit vier Wochen in ein Kinderheim gegeben, im Alter von drei Jahren kam Jennifer in eine Pflegefamilie und wurde mit sieben Jahren von ihnen adoptiert. Das wusste Jennifer, sie kannte auch den Namen ihrer leiblichen Mutter und ihr Geburtsdatum, es ging aus ihren Adoptionsunterlagen hervor. Dennoch lag ein schreckliches Geheimnis über ihrer Herkunft, von dem Jennifer nichts ahnte. Sie hatte jedoch schon früh das Gefühl: Mit mir stimmt was nicht. Als junge Frau leidet sie unter Depressionen, weiß jedoch nicht, warum. Sie studiert fünf Jahre in Israel, hat jüdische Freunde. Mit 38 Jahren macht sie eine entsetzliche Entdeckung: Sie ist die Enkelin des brutalen Krakauer KZ-Kommandanten Amon Göth, der für die Ermordung Tausender Juden verantwortlich war. Er ist bekannt aus dem Film „Schindlers Liste“.

Diese Entdeckung zeigt ihr einerseits: Ihr Gefühl hatte sie nicht getrogen. Da war noch etwas offen, unerledigt, ein düsteres Geheimnis in ihrer Geschichte, das danach schrie, aufgedeckt und gelöst zu werden.

Düstere Geheimnisse schreien danach, aufgedeckt und gelöst zu werden.

Andererseits fragt sie sich: „Warum hat meine Mutter mir nie etwas gesagt? Bin ich ihr so wenig wert, immer noch? ... Warum hat mir keiner die Wahrheit gesagt?“[6] Später, Monate nach dem großen Schock, kann Jennifer mehr Verständnis für ihre Mutter Monika entwickeln. „Wenn ich jetzt ihre Geschichte betrachte, kann ich besser verstehen, warum sie sich nicht in der Lage sah, mich aufzuziehen ... Ich sehe sie nicht mehr nur als Mutter, die ihr Kind verließ, sondern als Tochter von Amon Göth. Dieser Vater ist ihr Lebensthema ... Etwas, das sie so

6 Sellmair/Teege 2013, S. 11.

ausgefüllt hat, dass vielleicht kein Raum mehr war für andere Menschen, für die Mutterrolle, für mich."[7]

Amon Göth wurde 1946 gehängt. Da war seine Tochter Monika 10 Monate alt. Monikas Mutter Irene zog sie mit lauter Lügen über ihren Vater auf. Später nahm sich Irene das Leben. Monika brauchte ein halbes Leben, um die Wahrheit über ihren Vater herauszufinden und sich ihr zu stellen.

Schuld vererbt sich nicht. Jeder ist für sich allein verantwortlich.

Jennifer trifft sich mit ihrer Mutter. Monika redet immer noch über Amon Göth, als sei es erst gestern gewesen, dass er im Konzentrationslager Kommandant war. Sie lebt mit den Toten. Wie viele Nazi-Nachkommen der zweiten Generation hat sie ein Leben lang unter ihrer Familiengeschichte gelitten und ist noch ganz davon bestimmt. Viele dieser Menschen denken, sie müssten für die Schuld der Vorfahren Buße tun, sich dafür bestrafen. Das stimmt nicht, denn Schuld vererbt sich nicht. Jeder ist für sich allein verantwortlich. Die Kinder haben nichts zu tun mit dem, was Väter und Mütter verbrochen haben. Aber viele Nachfahren tragen trotzdem schwer an Schuldgefühlen. Bis an ihr Lebensende kommen sie nicht davon los. Tragisch. Jennifer ist erschüttert, ihre Mutter so zu sehen. Sie erkennt: „Meine Mutter gab mich nicht fort, weil an mir etwas falsch war – sondern weil sie genug mit sich selbst zu tun hatte ... Zum Abschied nehmen wir uns kurz in den Arm. Ich habe jetzt eine Mutter."[8]

---

7 Ebd., S. 128.
8 Ebd., S. 176/187.

Trotz dieses hoffnungsvollen Beginns schafft Monika es auf die Dauer nicht, eine liebevolle Beziehung zu ihrer erwachsenen Tochter aufzubauen. Es kommt noch zu einigen Begegnungen, dann bricht sie den Kontakt ab. Jennifer hat ihre Mutter gefunden und doch wieder verloren. Dennoch haben die Treffen etwas verändert. Jennifer hat die Tragik im Leben ihrer Mutter erkannt. Das hat ihr die Bitterkeit genommen. Sie hat auch festgestellt: Sie ist viel freier im Kopf als ihre Mutter. Sie kann liebevoll an ihre Großmutter denken und trotzdem Amon Göth und ihr Leben mit ihm verurteilen. Und so gelingt es Jennifer, sich aktiv und konstruktiv mit ihrer Familie auseinanderzusetzen. Sie fährt nach Krakau, befasst sich intensiv mit der Geschichte ihrer Großeltern. Später führt sie israelische Schüler durch das ehemalige Konzentrationslager. Sie erzählt ihnen davon, wie es ist, die Enkelin eines KZ-Kommandanten zu sein. Auch mit ihren eigenen Kindern redet Jennifer offen über den Großvater und seine Verbrechen. Mit der Entdeckung des Familiengeheimnisses ist ihren Depressionen die Grundlage entzogen, sie ist geheilt. Die Wahrheit hat sie schockiert, aber auch befreit. Sie blickt nach vorn, setzt sich ein für Versöhnung. Das letzte Wort ihres Buches lautet Hoffnung.

Die Wahrheit schockiert und befreit.

Meine Mutter, die Terroristin

Auch Bettina Röhls Lebensthema ist bestimmt durch ihre Mutter: die RAF-Terroristin Ulrike Meinhof. Dabei hatte alles ganz undramatisch begonnen. Bettina und ihre Zwillingsschwester wurden 1962 in Hamburg geboren. Der Vater Klaus Rainer Röhl war Herausgeber der linken Zeitschrift konkret, bei dem die Mutter Ulrike als Chefredakteurin arbeitete. Ein linksintellektuelles, aber doch bürgerliches Milieu in Hamburg-Lurup. Die Zwillinge wurden von Anfang an von verschiedenen Bezugspersonen mitbetreut. Ulrike Meinhof war eine zwanghafte analytische Intellektuelle, Klaus Rainer Röhl dagegen lebenslustig und spontan. Die beiden stritten häufig, hatten aber auch viele angeregte Diskussionen über ihre Artikel, es gab unbeschwerte Familienurlaube und Partys. Einen dramatischen Zerbruch erlitt die Familie, als Klaus Röhl eine Liebesbeziehung mit einer anderen Frau einging. Ulrike trennte sich 1968 von ihm und zog mit den Kindern nach Berlin. Dort schloss sie sich extrem linken Kreisen an. 1970 beteiligte sie sich daran, den Gefängnisausbruch des Terroristen Andreas Baader zu organisieren. Danach lebte sie als Illegale. Sie war an mehreren terroristischen Überfällen und Sprengstoffanschlägen beteiligt, bei denen Menschen getötet wurden, auch zwei Polizisten. „Auf Bullen darf geschossen werden!", propagierte Ulrike Meinhof. Die Töchter ließ sie mithilfe der terroristischen Vereinigung RAF 1970 in ein Flüchtlingslager nach Sizilien verschleppen. Erst vier Monate später konnten die beiden Achtjährigen dort befreit werden und lebten fortan beim Vater in Hamburg. Im Juni 1972 wurde Ulrike Meinhof verhaftet. Viermal besuchten ihre Töchter sie im Gefängnis, bis die Mutter 1974 den Kontakt abbrach. Am 9. Mai 1976 beging Ulrike Meinhof in Stuttgart-Stammheim Selbstmord, ohne ihre Kinder noch einmal gesehen zu haben.

Wie geht man damit um, dass die Mutter eine staatsbekannte verurteilte Terroristin war, die mehrere Menschen auf dem

Gewissen hatte und für viel Leid und Unglück verantwortlich war? Deren verblendete radikale Ideologien ihr schließlich wichtiger wurden als die eigenen Kinder und die diese Kinder wildfremden Menschen und größten Gefahren ausgesetzt hat?

Bettina Röhl hat ein Buch über ihre Mutter geschrieben, es ist 677 Seiten dick und eine kritische Gesellschaftsanalyse jener Zeit.[9] Sie deckt in ihrem Buch viele politische Verstrickungen und Intrigen auf und denkt sich tief hinein in das, was ihre Mutter umgetrieben hat. Man entgeht so einer Mutter ja nicht und so hat Bettina Röhl die Flucht nach vorne angetreten und sich aktiv mit ihrer Biografie und den politisch-gesellschaftlichen Umständen jener Zeit auseinandergesetzt. Es ist entlarvend, was man da zu lesen bekommt. So wurde z. B. die Zeitschrift konkret von der SED, der Sozialistischen Einheitspartei in der früheren DDR, mitfinanziert und mitbeeinflusst. Von wegen freie Presse! Bettina Röhls Fazit: „Was den Kommunismus anbelangt, hat die Geschichte nach 100 Jahren entschieden, dass diese naturgewaltige Kraft aufgrund vieler immanenter Irrtümer, aber noch viel mehr aufgrund missbräuchlicher Anwendung, zu Ende ist. Die soziale Frage, die Frage nach der sozialen Gerechtigkeit [...], ist und bleibt das eigentliche Anliegen, dem die Autorin dieses Buch widmet."[10]

Und so grenzt Bettina Röhl sich einerseits deutlich von ihrer Mutter ab: Kommunismus ist out, er ist gescheitert, und terroristische Handlungen sind Verbrechen. In ihrem Buch und

9 Röhl 2006.
10 Ebd., S. 641.

Das desaströse Erbe kann in eine konstruktive Aufgabe verwandelt werden.

auch in vielen ihrer Artikel setzt die Journalistin sich kritisch und kämpferisch mit linken Ideologien auseinander. Andererseits aber widmet sie ihr Buch dem, was ihre Mutter im tiefsten Inneren umtrieb: der sozialen Frage und der Vision von einer gerechteren Welt. So gelingt es Bettina Röhl, das desaströse Erbe ihrer Mutter für sich in konstruktive Aufgaben zu wenden.

Verbunden oder verunsichert

„Mutter ist halt wie eine Mutter“

„Beschreiben Sie einmal spontan Ihre Mutter. Wie haben Sie sie in der Kindheit erlebt? Was ist sie für ein Mensch?“ So oder ähnlich frage ich meine Patienten in den ersten Stunden einer Psychotherapie. „Mutter ist halt wie eine Mutter. Wie eine Mutter eben so ist. Immer für einen da.“ Das ist die häufigste Antwort, die ich bekomme.

Ist die Mutter wirklich so ein zeitloses Phänomen, immer gleich und qua Bestimmung fürsorglich und zugewandt? „Die Mutter-Spezies gehört zu den vielseitigsten Geschöpfen der Gegenwart“, meint die Psychotherapeutin Claudia Haarmann in ihrem Buch „Mütter sind auch Menschen“.[11]

Mütter können fürsorglich sein und ihre Kinder rührend versorgen, wenn sie krank sind. Sie können aber auch fordern und nachdrücklich durchsetzen, dass Pflichten im Haushalt übernommen werden. Aus der Sicht pubertierender Töchter

11 Haarmann 2014, S. 15 ff.

können Mütter sich äußerst peinlich verhalten. Aber sie sind auch bereit, alles für ihre Töchter zu tun und sie, wenn es darauf ankommt, wie eine Löwin zu verteidigen.

Manche Mütter schweben wie ein Helikopter über ihren Töchtern. Sie begleiten und überwachen alle ihre Schritte, denn sie wollen sie ja schützen. Da bringt man das Kind jeden Tag mit dem Auto zur Schule, damit es nicht bei Wind und Wetter laufen muss. Anschließend hetzt Mutter zur Arbeit. Sie hilft bei den Hausaufgaben, sie kommuniziert mit der Lehrerin, sie regelt die Verabredungen. Dennoch hat sie das Gefühl, es ist nie genug. Und die Tochter würde am liebsten sagen: Lass mich doch mal. Ich schaffe das alleine. Trau mir was zu. Und du, sorg auch mal für dich selbst und jammere nicht so viel.

Und dann gibt es die Mütter, die vor lauter Sorgen um ihre Beziehungen und beruflichen Probleme ihren Töchtern zu wenig Aufmerksamkeit widmen. Diese Töchter wünschen sich Mütter, die sich mehr kümmern und sie versorgen. Die sie in den Arm nehmen, trösten, Mut machen, mit ihnen zum Elternsprechtag gehen und auch ganz praktische Dinge tun wie gutes Essen kochen.

Die Mutter-Tochter-Beziehung hat eine lange Geschichte. Sie fängt eigentlich schon vor der Geburt an. Wie die Schwangere mit ihrem Kind spricht, wie sie sich verhält, ob sie fröhlich ist oder traurig, wütend oder entspannt, all dies bekommt das Baby unmittelbar mit. Wenn das Baby dann auf der Welt ist, lernt es: Ich kann nicht überleben ohne Bindung an die Mutter. Daher steht auf dem frühen Lehrplan des Kindes das Fach „Beziehungen". Beziehungen aufzubauen, Bindungen einzugehen, das lernen Jungen und Mädchen in den ersten Beziehungen ihres Lebens, insbesondere in der zur Mutter.

Dieses Bindungssystem ist genetisch verankert und hat „überlebenssichernde Funktion".[12] Um Mutter und Kind das Zueinanderfinden zu erleichtern, hat die Natur das Bindungshormon Oxytocin bereitgestellt, das die Bindung fördert. Es wird bereits vor der Geburt gebildet und hilft der Mutter, eine gute Beziehung zu ihrem Kind aufzubauen. Beim Stillen des Säuglings wird dieses Hormon ausgeschüttet, ebenso beim Wiegen des Kindes auf dem Arm. Es ist sozusagen das Starterkit der Bindung. Was Mütter dann daraus machen, wie sie darauf weiter aufbauen, das entscheidet jede selbst.

Sicher gebunden

Eine *sichere* Bindung entsteht, wenn das Baby von Anfang an die Erfahrung macht: Ich kann mich auf meine Mutter verlassen.

Seit einiger Zeit beschäftigt sich die Entwicklungspsychologie mit der Bindungsforschung. Sie geht auf Untersuchungen des Engländers John Bowlby in den 50er- und 60er-Jahren des letzten Jahrhunderts zurück.

Eine *sichere Bindung* entsteht, wenn das Baby von Anfang an die Erfahrung macht: Ich kann mich auf meine Mutter verlassen. Ich werde bedingungslos geliebt und freundlich angesehen. Meine Mutter ist da. Die Grundlage für eine sichere Bindung entwickelt das Kind in den ersten drei Lebensjahren.

---

12 Brisch 2009, S. 36.

Laut Bowlby kann es anfangs nur zu einer Person eine intensive Beziehung aufbauen. Meist ist es die Mutter. Im Prinzip kann es auch der Vater sein, die Großmutter, eine Kinderfrau. Aber es sollte, besonders im ersten Lebensjahr, so oft wie möglich dieselbe Person sein. Ist diese nicht erreichbar, reagiert das Baby mit Weinen und Strampeln. Da es eine Hierarchie verschiedener Bezugspersonen aufgebaut hat, wird es sich jetzt mit einer anderen Betreuung begnügen, oft dem Vater. Je größer jedoch der Schmerz und die Angst sind, desto penetranter wird der Säugling die primäre Bezugsperson verlangen.

Ein Kind, das mit etwa sechs bis acht Monaten anfängt zu fremdeln, zeigt eine sichere Bindung. Es weiß, an wen es sich wenden kann, um verlässlich Trost und Hilfe zu bekommen. Die Fremdelphase dauert etwa bis zum Ende des zweiten Lebensjahres. Fremdeln Kinder zwischen dem 12. und 19. Lebensmonat in einer unbekannten Umgebung nicht, sobald die Mutter den Raum verlässt, dann werten Bindungspsychologen dies eher als Zeichen einer unsicheren Bindung.[13] Das Bindungssystem dieser Kinder ist unzureichend ausgebildet und reagiert nicht angemessen bei Trennung. Allerdings muss man auch Temperament und Lebenssituation berücksichtigen. Jüngere Geschwisterkinder z. B. fremdeln manchmal viel weniger als die Erstgeborenen. Und ängstlich-unsichere Kinder fremdeln in der Regel mehr als selbstsichere, mutige Kinder.

Der Blickkontakt zwischen Mutter und Kind, bzw. zwischen betreuender Person und Kind, ist der wichtigste Baustein ei-

13 Ebd., S. 50–52.

ner sicheren Bindung. In Zeiten von Smartphone und Handy lauert hier eine nicht zu unterschätzende Gefahr, wenn Mütter mehr auf ihr Smartphone blicken, statt das Kind anzusehen.

Das Babyfon mit Kamera und Temperaturmessung ist kein Ersatz für den ermutigenden Blickkontakt.

Vor einiger Zeit waren wir zum Frühstück in einem Berliner Stadtcafé. Am Nachbartisch saß ein junges Paar mit einem kleinen Mädchen. Die Erwachsenen tippten eifrig auf ihren Smartphones herum. Ohne aufzusehen, griffen sie zu ihrem Kaffee und Croissant. Die etwa vierjährige Tochter saß stumm daneben, mümmelte ihren Muffin und schaute mit traurigen Augen um sich. Die Eltern sahen sie nicht ein einziges Mal an. Das Kind bekam genug zu essen, aber es verhungerte emotional. Hier war Blickkontakt absolute Fehlanzeige.

Ein zweiter Baustein der sicheren Bindung ist die körperliche Nähe beim Stillen oder Wiegen im Arm. Denn beides stimuliert, wie oben erwähnt, das Bindungshormon Oxytocin.

Ein dritter Baustein ist die sensible Aufmerksamkeit, mit der die Mutter oder primäre Bezugsperson sich dem Kind zuwendet. Bindungspsychologen empfehlen, den Säugling nicht einfach lange schreien zu lassen, sondern innerhalb angemessener Zeit zu reagieren, um dem Kind Sicherheit zu vermitteln. Diese Zeit kann mit zunehmendem Alter des Kindes durchaus nach und nach länger werden. Dadurch lernt es, Frust auszuhalten. Aber dafür muss es im ersten Lebensjahr Grundvertrauen und Sicherheit erlebt haben.

Kinder, die sicher gebunden sind, haben gelernt: Auch wenn es mal schwierig wird, gibt es Hilfe. Es fällt ihnen später leichter, auch anderen Menschen Vertrauen entgegenzubringen, denn von der Erfahrung mit ihrer ersten Bindung her schließen sie: So wie meine Mutter für mich da ist, können auch andere Menschen für mich da sein.

Wenn Mütter als Kinder selbst eine sichere Bindung erlebt haben und mit diesem Grundvertrauen ausgestattet sind, können sie ihre Kinder später auch loslassen, ohne in Angst und Panik um ihr Ergehen zu verfallen. Sie geben ihren Kindern die Gewissheit mit: Ich kann mich auf andere Menschen verlassen und werde klarkommen.

So nah und so fern

Eine *gestörte Bindung* entsteht, wenn die Bezugspersonen in den ersten drei Lebensjahren häufig wechseln oder wenn die Mutter bzw. die Betreuungsperson die Signale des Kindes nicht angemessen wahrnimmt. Das ist z. B. der Fall, wenn sie nicht hinschaut und nicht spürt: Das Kind braucht jetzt Zuwendung und Körperkontakt. Solche Kinder haben Angst, sich zu lösen und die Umwelt zu erkunden. Denn sie können ja nicht sicher sein, dass die Eltern nachher noch für sie da sind und sich um sie kümmern. Solche Kinder entwickeln eine *unsicher-ambivalente Bindung*. Die Mutter ist mal da, vielleicht auch ganz nah und eng. Aber dann reißt die Verbindung wieder ab, weil andere Personen die Betreuung übernehmen, oder weil die Mutter zwar da ist, aber nicht auf die Bedürfnisse des Kindes eingeht. Sie ist in erster Linie mit sich und ihren eigenen Sorgen beschäftigt, zum Beispiel mit Partnerschaftskonflikten oder Suchtproblemen. Das Kind hat den großen Wunsch nach Nähe und lebt gleichzeitig in der Angst, die Nähe jederzeit wieder zu verlieren.

Werden solche Töchter selbst Mutter, übertragen sie oft ihre eigene Bindungsunsicherheit auf ihr Kind. Sie erscheinen unberechenbar. Nähe und Distanz können sie schlecht regeln. Mal gelingt es ihnen, sich dem Kind liebevoll zuzuwenden, mal nicht. Mal versuchen sie ein Herz und eine Seele mit ihrem Kind zu sein und ihm alle Wünsche von den Lippen abzulesen, dann wieder sind sie abweisend und emotional unerreichbar. Die Kinder können nie sicher sein, ob sie Trost und Hilfe bei ihrer Mutter bekommen oder abgewiesen werden. Dies Kind „wird permanent den Blick auf die Mutter richten, um einzuschätzen, was gerade los ist und was es tun muss, um die Mutter zu erreichen. Das bedeutet, es verliert den Kontakt zu sich selbst und ist nur im Außen – nämlich bei ihr."[14] Es erfordert später harte Arbeit, diese innere Einstellung zu verändern und zu lernen, auf sich selbst zu achten.

So war es bei Christine. Sie ist 48 Jahre alt. Ihre Mutter war alkoholabhängig. Mal war sie überfürsorglich und herzlich, mal schrie sie herum oder war nicht ansprechbar. Christine wusste nie, woran sie war. Sie entwickelte ganz feine Antennen für das Ergehen der Mutter und war pausenlos damit beschäftigt, dass es Mutter nur ja gut ging. Sie fühlte sich verantwortlich, machte den Haushalt, wenn Mutter mal wieder betrunken war, kümmerte sich um die kleine Schwester. Ihre eigenen Bedürfnisse stellte sie zurück. So ist es oft in Alkoholiker-

14 Haarmann 2014, S. 81.

familien. Die Kinder beziehen alles auf sich. Sie denken zum Beispiel: Mama hat wieder so viel gesoffen, weil ich böse war. Oder umgekehrt: Wenn ich mich nur richtig um sie kümmere, wird es ihr besser gehen und sie wird weniger trinken. Und manche haben dazu auch noch das vierte Gebot im Hinterkopf: Du sollst Vater und Mutter ehren, und das heißt doch, ihnen helfen, oder?

Als Christine selbst Mutter wurde, wollte sie diese Familienmuster nicht wiederholen. Mithilfe einer Psychotherapie arbeitete sie ihre Vergangenheit auf. Das zahlte sich aus, ihr Verhältnis zu ihren Kindern ist viel unbeschwerter. Aber nun gibt es eine neue Sorge. Christines Kinder gehen nach und nach aus dem Haus und auf einmal fürchtet Christine sich vor der Zeit, wenn ihre Mutter alt und pflegebedürftig wird. Die Mutter ist seit 20 Jahren trocken. Über damals will sie nicht reden. Das akzeptiert Christine, aber sie fragt sich: Wenn Mutter mich eines Tages braucht – wie kann ich verhindern, dass ich ihr gegenüber wieder in das gleiche Muster wie früher verfalle?

Es ist klug, dass Christine ihre Kraft nicht für den Versuch vergeudet, mit ihrer Mutter über früher zu reden. Denn das geht meistens nach hinten los. Es gelingt nur selten, dass Töchter ihre belastete Kindheit alleine mit der Mutter aufarbeiten. Beide Seiten sind viel zu verletzlich. Und hinzukommt: In vielen Alkoholikerfamilien sind die Mitglieder sich sehr nah, oft zu nah. Aber andererseits gibt es eben keine sichere Bindung, weil man nie wusste, was als Nächstes passieren würde.

Christine hat ihre Kindheitsgeschichte aufgearbeitet und deshalb weiß sie inzwischen: Mutter ist ganz alleine für ihr Verhalten verantwortlich. Mit ihr, der Tochter, hat das gar nichts zu tun. Christine ist nicht schuld und sie konnte und kann es nicht beeinflussen, welche Entscheidungen ihre Mutter trifft. Vom Verstand her ist das Christine vollkommen klar.

Die Mutter ist derzeit mit ihren 70 Jahren noch fit, Christine macht sich aber jetzt schon Gedanken, was später werden soll. Dabei muss sie in der Tat aufpassen, nicht in die gleiche Falle wie früher zu tappen und komplett die Verantwortung für ihre Mutter zu übernehmen, ohne auf sich selbst zu achten. Christine sollte eine Grenze ziehen und ihrer Mutter beizeiten deutlich sagen, was sie leisten kann und was nicht. Also zum Beispiel: Du kannst nicht bei mir wohnen, aber ich komme dich gerne ab und zu im Altersheim besuchen. So könnte sie sich um Mutter kümmern, ohne sich selbst auffressen zu lassen.

Die Tochter sollte nicht die komplette Verantwortung für ihre Mutter übernehmen, ohne auf sich selbst zu achten.

Wahrscheinlich ist die Mutter solche klaren Ansagen von ihrer Tochter nicht gewohnt. Es wird also nicht unbedingt leicht werden. Aber auch Christines Mutter würde es helfen, sich von falschen Erwartungen an ihre Tochter zu verabschieden und ihren letzten Lebensabschnitt gut und realitätsbezogen zu planen.

Herausfinden, was mir Rückhalt gibt

Eine weitere Störung ist die *desorientierte Bindung*. Schicksalsschläge, Trennungen, Tod von nahen Bezugspersonen sowie Gewalt und Missbrauch können sie auslösen. Dabei stehen Angst und Ohnmacht im Vordergrund. Angst blockiert eine tragfähige gesunde Bindung. Oft sind Vater oder Mutter selbst traumatisiert und zeigen unkontrollierte Verhaltensausbrüche. Das Kind erlebt das als Willkür. Es befindet sich in dauernder innerer Hochspannung. Häufig entlädt sich diese Spannung, indem das Kind Wutausbrüche bekommt, Überreaktionen zeigt oder auch hyperaktives Verhalten. Schließlich wird sich das Kind „der Mutter entziehen, weil es die Enttäuschung nicht verkraftet. Es wird sich allein fühlen und versuchen, woanders Trost zu finden."[15] Manche Kinder treten den inneren Rückzug an und versinken in Mutlosigkeit und Depression.

Werden diese Kinder groß, dann brauchen sie neue ermutigende Erfahrungen, die ihnen Sicherheit geben. Das können andere Familienmitglieder sein, Freunde und Partner, oder auch Gruppen, wie zum Beispiel eine Kirchengemeinde. Wenn sie es schaffen, sich auf ein Beziehungsfeld einzulassen, das sich ruhig und verlässlich anfühlt, können sie es als Erwachsene schaffen, das alte gestörte Bindungsverhältnis durch ein neues zu ersetzen.

Ich sage oft zu meinen Patienten: Sie sind heute nicht mehr das verlassene, hilflos ausgelieferte Kind, das auf die Zuwen-

15 Ebd., S. 84.

dung der Mutter angewiesen ist. Sie sind erwachsen, haben eigene Fähigkeiten und Ressourcen und können bessere Bindungserfahrungen machen. Sie können für sich selbst sorgen. Manche Menschen brauchen dafür allerdings eine Zeit lang psychotherapeutische Begleitung.

Erwachsene Töchter sind nicht mehr wie kleine Kinder hilflos auf die Zuwendung der Mutter angewiesen.

Annette wächst als jüngste Tochter in einer Gastwirtschaft auf. Unten ist die Kneipe, oben wohnt die Familie. Es gibt permanent Zoff. Wenn ich sie nach ihrer Kindheit frage, antwortet sie: „Die Eltern haben sich immer unglaublich gestritten und nach uns Kindern hat keiner gefragt. Wir mussten funktionieren. Vater stand hinter dem Tresen, Mutter kochte in der Küche." – „Warum wurde so viel geschrien?", frage ich. „Weil Vater bei jedem kleinsten Problem die Nerven verlor und alle anderen, besonders Mutter, beschuldigte. Mutter wiederum schrie Vater an, weil er mit jungen Mädchen flirtete und zu viel Alkohol trank. Auch hatte er viele Frauengeschichten, die Mutter natürlich ärgerten." – „Warum hat Mutter sich das jahrelang gefallen gelassen?", frage ich. „Mutter war völlig abhängig von meinem Vater", antwortet Annette. „Sie war ihm hilflos ausgeliefert, finanziell und auch in praktischen Dingen."

Also schreien statt verändern? „Ja. Mutter war oft krank und entweder im Krankenhaus oder zur Kur", berichtet Annette. Also auch Rückzug statt Veränderung. „Dann waren wir Kinder auf uns selbst gestellt bzw. Vaters cholerischen Ausfällen ausgeliefert. Nur die Oma, die im selben Dorf wohnte, kümmerte sich um uns. Sie interessierte sich für uns und setzte sich für uns ein. Sie war der wichtigste Mensch in meinem Leben.“

Annette kommt zur Psychotherapie, weil sie in ihrem Beruf als Erzieherin nach 30 Jahren an einen anderen Arbeitsplatz versetzt wurde. Dort kommt sie gar nicht zurecht und fühlt sich der Situation hilflos ausgeliefert. Auch spürt sie eine „unglaubliche Wut“ darüber, dass man sie einfach versetzt hat. Denn sie hatte klar begründet, warum sie diesen Wechsel nicht wollte. Einige Kollegen waren ihr noch in den Rücken gefallen. Daraufhin wurde Annette krank und musste wegen Magenbeschwerden in die Klinik.

Sie ist jetzt 60 Jahre alt und versteht nicht, warum sie sich das alles gefallen ließ und sich so hilflos fühlte.

Annette wirkt eigentlich nicht hilflos. Sie hat vieles sehr gut gelöst. Mit 15 Jahren zog sie 300 km von zu Hause weg. Sie schaffte es sogar, eine Lehrstelle zu bekommen, wohin sie ihren Hund mitnehmen konnte. Nach der Lehre zog sie in eine andere Stadt, weil sie eine neue Herausforderung brauchte. Mit ihren Jeans und Outdoorschuhen wirkt Annette nach außen hin sehr tatkräftig, bodenständig und selbstbewusst. Sie selbst beschreibt sich jedoch als unsicher, mit einem starken Gefühl, ausgeliefert und in bestimmten Situationen ohnmächtig zu sein. „Ich bin dann unglaublich wütend“, sagt sie, „aber auf wen?“

Ich erinnere Annette an ihre Kindheit: dem cholerischen Vater hilflos ausgeliefert und Mutter konnte sie nicht schützen. Die abfälligen oder neugierigen Blicke der Kneipengäste. Die Arbeit hinter dem Tresen in einem Alter, wo andere ins Kino gingen. Und keine Mutter, die den Vater in die Schranken wies, schützend ihre Arme um sie legte und ihr Mut machte.

Annettes Situation hat sich verändert, aber das Gefühl von damals ist geblieben. Ich lenke ihren Blick darauf, dass sie heute gar nicht mehr so hilflos ist wie als Kind. Sie hat viel geschafft und ist eine selbstständige Frau geworden. Manchmal verliert sie das aus den Augen. Ihre Kraft hat sie vielleicht ihrer Oma zu verdanken. Die gab ihr Halt. Stärkte ihr den Rücken, ermutigte sie. Genug, um zu Hause auszuziehen und auf eigenen Beinen zu stehen. Sie spürt Dankbarkeit, wenn wir darüber sprechen. Ihr Bruder hat das nicht geschafft. Er ist eher so wie der Vater geworden und in der Kneipe hängen geblieben.

Sie können gestörte Muster durchbrechen und als Erwachsene selbstbestimmt und glücklich leben.

Eine Mutter, die sich alles gefallen lässt und ihr Kind nicht schützt, so wie in Annettes Familie, ist für die Tochter verheerend. Glücklicherweise zeigt die moderne Bindungsforschung aber, dass es durchaus möglich ist, gestörte Muster zu durchbrechen und als Erwachsene ein selbstbestimmtes, glückliches Leben zu führen.

Starke Mütter – starke Töchter

Vom Mother-Blaming zur Supermama?

„Was hat Ihre Mutter gut gemacht?“ Wenn ich Menschen in der Beratung diese Frage stelle, fällt die erste Reaktion immer gleich aus: Erstauntes Augenbrauenhochziehen, Irritation, tief Luft holen. „Darüber habe ich mir noch nie Gedanken gemacht“, heißt es. Mich wundert das etwas. Zwar war im letzten Jahrhundert lange Zeit „Mother-Blaming“ angesagt, das Beschuldigen der Mütter. Egal ob in Psychotherapie, Literatur oder Film: Mütter waren irgendwie an allem schuld. Sie waren entweder überbehütend oder sie kümmerten sich zu wenig um ihre Kinder, sie übten rigorose Autorität aus oder sie ließen es an der nötigen Strenge fehlen. Wie auch immer sie sich verhielten, jedwedes Problem des Kindes galt als verursacht durch die Mutter. Auch christliche Publikationen tuteten in dieses Horn: Kinder wurden drogenabhängig, weil ihre Mütter sie nicht gestillt hatten, und sie schafften keinen Schulabschluss, weil Mutter arbeiten ging. Die Väter kamen seltsamerweise fast gänzlich ungeschoren davon.

Heute kippt die Gesellschaft ins andere Extrem, der Trend geht zur Design-Mutter: Als Supermama wuppt sie Karriere, Haushalt, Ehrenamt, Kind. Nur das Beste für die Kleinen: Da werden alle sieben Kindergärten der Stadt besichtigt, bevor man Klein Emma anmeldet, denn nur optimale Bedingungen kommen für sie infrage. Nachmittags geht's zum Turnen, zum Schwimmkurs, zur musikalischen Früherziehung und zur Gruppe „Spielerisch Englisch lernen" mit muttersprachlichen Pädagoginnen. „Ein zweites Kind können wir uns nicht leisten", ist dann häufiger zu hören, „wir wissen ja schon mit einem nicht, wie wir die Arbeit schaffen sollen, und außerdem wollen wir unserem Kind die besten Startbedingungen ins Leben bieten, eine gute Schulausbildung, möglichst ein Studium, das kann ja keiner bezahlen bei mehreren Kindern."

Mütter sind nach wie vor äußerst anfällig für Schuldgefühle jeder Art.

Mütter wollen heute mehr denn je alles richtig machen, nichts versäumen für ihre Kinder, sie in jeder Hinsicht fördern. Sie machen sich einen irren Stress und trotzdem ist eins geblieben: Nach wie vor sind sie äußerst anfällig für Schuldgefühle jeder Art. Ständig fragen sie sich, was sie falsch gemacht haben, und sie lassen sich nur zu leicht verunsichern.

Deshalb haben sich Pädagogen und Familientherapeuten heute vor allem eins auf ihre Fahnen geschrieben: Das Ermutigen der Eltern. „Starke Eltern – starke Kinder" heißt ein Erziehungsseminar des Kinderschutzbundes. Weg vom Mother-Blaming hin zum Vertrauen in die eigene elterliche Kompetenz. In Müttern steckt viel instinktives Wissen um einen guten Umgang mit Kindern und sie müssen nur ermutigt werden, es zu aktivieren.

Die Holländerin Maria Aarts machte sich dieses intuitive elterliche Wissen für ein pädagogisches Konzept zunutze. Sie arbeitete in den 70er-Jahren mit Kindern, die in Heimen aufgewachsen waren. Die Kinder wurden zwar äußerlich gut versorgt. Aber die Erzieherinnen hatten schlicht keine Zeit, auf die emotionalen Signale jedes einzelnen Kindes zu reagieren. Die Folge waren Verhaltensauffälligkeiten. Maria Aarts fragte sich: Wie funktioniert das eigentlich in einer normalen Familie? Was machen die anders? Sie fing an, Interaktionen zwischen Eltern und Kindern zu beobachten und in Videos zu dokumentieren. Dabei stellte sie fest: Väter und Mütter sind ganz instinktiv geniale Erzieher. Zum Beispiel erzählen sie dem Baby alles, was sie gerade mit ihm machen: „So, jetzt ziehen wir warme Socken an …" Sie deuten, was sie an Gefühlsäußerungen beim Baby beobachten: „Das schmeckt jetzt nicht, aber es hilft dir, gesund zu werden." Dieses Reden mit dem Baby und das Benennen seiner Gefühle sind für die Entwicklung des Kindes sehr wichtig, denn dadurch wird schon früh die Fähigkeit angelegt, Gefühle zu zeigen, Interesse für die Umgebung zu entwickeln, die Welt zu deuten.

Maria Aarts begann bei ihren Heimkindern nachzuholen, was sie den Eltern abgeguckt hatte: Sie beobachtete die Kinder genau, verstärkte ihre anfangs minimalen Gefühlsäußerungen und ging darauf ein. Sie war erstaunt, wie die Kinder sich durch diese einfachen Maßnahmen zum Positiven veränderten. Daraus entwickelte sie ein pädagogisches Konzept für die Behandlung gestörter Kinder, das bei der Stärkung der Eltern ansetzt und sie darin ermutigt, ihr intuitives Wissen zu nutzen und auszubauen.

Manchmal allerdings geben Mütter sich größte Mühe in der Erziehung und die Kinder schlagen trotzdem später einen Weg ein, der ihnen ganz und gar nicht gefällt. Die Mutter ist nicht für alles verantwortlich, was die Kinder tun, denn mit zunehmendem Alter haben Kinder auch selbst die Wahl, wie sie ihr Leben gestalten, ihre schulische Laufbahn, ihre Beziehungen zum anderen Geschlecht, ihr soziales oder kirchliches Engagement.

Die Mutter ist nicht für alles verantwortlich, was die Kinder tun. Mit zunehmendem Alter entscheidenden die Kinder selbst, wie sie ihr Leben gestalten.

Einigen Müttern geht es vielleicht so wie in dem Gleichnis vom Unkraut unter dem Weizen, das Jesus erzählt: Ein Landwirt hatte guten Samen auf seinen Acker gesät. Aber nachts kam ein Feind und säte Unkraut dazwischen. Als der Same aufging, bemerkte man auch das Unkraut. Die Angestellten gingen zu ihrem Chef und fragten: „Du hattest doch guten Samen auf den Acker gesät. Woher kommt das Unkraut?"

Ich habe Gutes gesät, nach besten Kräften. Woher kommt das Unkraut? Das fragen sich Mütter manchmal angesichts der Entwicklung ihrer Sprösslinge. Vielleicht erweist sich jedoch bei näherem Hinsehen oder bei besserer Kenntnis manches Unkraut als Heilpflanze. Tröstlich jedenfalls, dass Jesus sagt: „Lasst beides wachsen bis zur Ernte, den Weizen und das Unkraut. Reißt nicht das Unkraut mit Gewalt heraus, ihr würdet zu viel Gutes mit zerstören. Wartet ab! Habt Geduld!"

Familientherapeuten wissen inzwischen, dass das Beschuldigen der Mütter und das Entwerten ihrer Kompetenz für die Arbeit gerade mit schwierigen Kindern verheerend ist. Schon seit den 50er-Jahren des letzten Jahrhunderts in Amerika, seit

Es ist hilfreich zu fragen: Was hat Mutter gut gemacht? Was macht Mütter und Töchter stark?

den 80er-Jahren in Deutschland hat ein Umdenken eingesetzt: Zum einen sieht man das Verhalten von Kindern nicht als einseitig kausal bedingt durch die Eltern an. Leben in einer Familie wird vielmehr als ein zirkulärer Prozess beschrieben: Wie Eltern sich verhalten, wirkt sich auf die Kinder aus, aber wie Kinder sich verhalten, wirkt sich auch auf die Eltern aus. Zum Zweiten fragen Familientherapeuten heute nicht in erster Linie nach Fehlern der Eltern, sondern nach Ressourcen: Was hat Menschen Kraft gegeben, was ihnen den Rücken gestärkt, was war ihnen Vorbild? Also: Was hat Mutter gut gemacht? Was macht Mütter und Töchter stark?

Gut biblisch ist dieser Ansatz allemal. Vater und Mutter ehren, das fällt leichter, wenn man sich vor Augen führt, was sie geleistet haben, oft unter schwierigen Bedingungen, und was sie ihren Kindern an Positivem mitgegeben haben. Meinen Gesprächspartnern zum Thema Mutterkompetenz fällt denn auch einiges ein. Starke Mütter der Kriegsgeneration, die Männer gefallen: Mit Erziehung war da nicht viel, sie arbeiteten Tag und Nacht und kämpften ums Überleben. Andere sagen: „Mutter hat zwar nicht viel Zeit gehabt, aber ich wusste, wenn es drauf ankommt, ist sie für mich da.“ Oder auch: „Meine Mutter hat mich Beten gelehrt.“ – Da kann man nur sagen: Gut gemacht, Mama.

Mama, wehr dich!

„Mama, sei doch mal mächtig und stark und nicht so klein und schüchtern", schleudert die 15-jährige Alina ihrer Mutter entgegen, als diese mal wieder in Selbstzweifeln versinkt.

Alinas Mutter Hanna kommt seit drei Jahren zur Psychotherapie, weil sie Schmerzen im ganzen Körper spürt. Außerdem hat sie immer Angst, dass die anderen über sie reden. Sie fürchtet Fehler zu machen, aufgrund derer andere sie blöd finden und keiner sie richtig leiden mag. Diese Angst hat schon oft dazu geführt, dass sie den Kontakt einfach abgebrochen hat. Daher hat sie auch keine gute Freundin, kommt sich oft allein und hilflos vor.

Hanna ist als jüngste von drei Geschwistern auf einem Aussiedlerhof in Bayern aufgewachsen. Der Vater war ein Choleriker, ein Einzelgänger, gewalttätig. Die Mutter war depressiv und bemühte sich, es Vater in allem recht zu machen, damit der nicht ausrastete. Die Ehe ihrer Eltern schildert Hanna als unglücklich. Dazu kam, dass der Aussiedlerhof weit ab vom nächsten Dorf lag, sodass Hanna in der Freizeit wenig Kontakt zu Mitschülern hatte. In der Schule war sie Außenseiterin. Auch die Eltern hatten keine Freunde. Das Haus war dunkel unter großen, dicht gewachsenen Bäumen. Es war keine glückliche Kindheit auf dem Bauernhof, im Gegenteil, die Atmosphäre war bedrückt und angespannt. Wenn sie daran denkt, steigen in Hanna Gefühle von Ohnmacht, Traurigkeit und Angst auf. Mit fünf Jahren fing Hanna an zu stottern. Sie hatte das Gefühl, nicht erwünscht zu sein als jüngste der Geschwister.

Mit 16 Jahren bekam Hanna Kontakt zu einem Bibelkreis.

Hier fand sie Freunde. Eine Fahrt nach Taizé brachte ihr den christlichen Glauben nahe. Zum ersten Mal spürte sie: Ich bin etwas wert, ein Geschöpf Gottes. Ich bin geliebt.

Sie entschied sich, Theologie zu studieren. Sie wollte die Botschaft der Liebe Gottes weitergeben. Doch persönlich lief es nicht rund: Ihre Ehe scheiterte nach sieben Jahren. Sie stand mit einem Kind nun alleine da. Was habe ich falsch gemacht?, fragte sie sich. Bin ich eine schlechte Ehefrau? Nicht einmal das kann ich vernünftig. Die Selbstzweifel waren wieder da. Mit dem Studium pausierte sie nun erst einmal wegen des Kindes.

Dann lernte sie Jürgen kennen. Er ist Architekt. Hanna imponierte an ihm, dass er so dynamisch war, außerdem musikalisch und viele gute Ideen hatte. Er war überzeugter Christ und nahm sie in eine Gemeinde mit. Sie heirateten und bekamen einen Sohn und eine Tochter.

Hanna studierte inzwischen wieder und meldete sich zum Examen. Doch mit drei kleinen Kindern zu lernen war nicht einfach. Am Ende fiel sie knapp durch das Examen. Wieder stürzte sie in Selbstzweifel. Doch diesmal hatte sie Jürgen. Der ermutigte sie, baute sie auf: „Du bist auch wer ohne theologisches Examen! Du hast so viele Gaben."

Schließlich engagierte sie sich in ihrer Kirchengemeinde. Sie gründete einen Hauskreis und übernahm den Posten der Küsterin. Ihr Herz schlug für den Glauben, sie wollte Gott dienen. Doch die Gemeindeleitung würdigte ihr Engagement nicht. Sie beäugten den Hauskreis misstrauisch, schränkten ihre Tätigkeit als Küsterin immer mehr ein und schließlich kündigten sie ihr. Hanna war verzweifelt. Wieder suchte sie die Schuld ausschließlich bei sich: Ich bin nicht einmal fähig, einen einfachen Küsterjob zu machen.

Mittlerweile ist Alina, ihre jüngste Tochter, in die Pubertät gekommen. Sie verhält sich ruppig und aggressiv. „Die kann doch nicht so mit mir umspringen", klagt Hanna in einer Sitzung bei mir. „Mama, du bist dumm und blöd", hätte sie neulich gesagt und in ihrer Wut sogar Sachen zerschlagen. Hanna wirkt resigniert und ratlos. „Sie müssen aus der Opferhaltung raus", sage ich. „Wen könnten Sie als Verbündeten finden? Den Ehemann, den älteren Sohn? Alina muss die logischen Folgen ihres Verhaltens zu spüren bekommen. Im Grunde wartet sie darauf, dass Mutter klare Kante zeigt und sich wehrt. Sie will nicht, dass Sie sich so passiv leidend verhalten."

Wir entdecken, dass diese passiv leidende und resignierte Frau genau der Mutter von Hanna gleicht. Aber Hanna sucht ja nach einem alternativen und besseren Lebenskonzept und möchte nicht mehr in diese Opferfalle tappen.

In der nächsten Therapiestunde druckst Hanna etwas herum. Sie möchte etwas loswerden: „Ich habe manchmal das Gefühl, dass Sie keine Lust haben, mit mir zu arbeiten. Ich finde, Sie gehen zu sanft vor. Ich finde, Sie gehen zu wenig in die Tiefe."

Ich traue meinen Ohren nicht. Hanna wagt sich aus ihrer Opferrolle. Sie fasst den Mut, den Therapeuten zu kritisieren. Was für ein Fortschritt!

Töchter wünschen sich keine schwachen Mütter, auch wenn es manchmal bequem erscheinen mag. Töchter wünschen sich starke Mütter, die ihnen etwas entgegensetzen und aushalten. Sie wollen Mütter, die eine eigene Meinung haben, an der man sich reiben kann. Eine

Töchter wünschen sich starke Mütter, die ihnen etwas entgegensetzen und aushalten.

Mutter, vor der sie Achtung haben können. Daran werden dann auch Töchter stark.

Hannas Tochter hat ihr einen Spiegel vorgehalten. Das war hart, aber nicht zuletzt dadurch ist es Hanna gelungen, sich mehr zu behaupten und für sich einzustehen. In einer neuen Kirchengemeinde hat sie ihren Platz gefunden. Dort kann sie sich einbringen mit ihren Ideen und fühlt, dass sie respektiert wird. Inzwischen hat sie auch eine Arbeitsstelle gefunden, die ihrer Begabung entspricht und in der sie viel Bestätigung bekommt. Sie duckt sich nicht mehr und entschuldigt sich nicht dafür, dass sie da ist. Wenn es sein muss, nimmt sie Auseinandersetzungen in Kauf und äußert klar ihre Meinung.

Wie Neurosen uns motivieren können

Die Filmschauspielerin und Regisseurin Jodie Foster hat in einem Interview gesagt: „Meine Versagensängste haben mehr mit dem Verhältnis zu meiner Mutter zu tun als mit meiner beruflichen Realität. Wenn man als Kind immer das Gefühl hat, nicht gut genug zu sein, fällt es schwer, diese Ängste abzulegen. Aber ich glaube, dass unsere Neurosen uns sehr gut motivieren können. Durch die Auseinandersetzung mit meinen Versagensängsten komme ich als Künstlerin weiter.“[16]

Die Entwicklungspsychologie lehrt uns: Das, was Mütter ihren Töchtern in der Kindheit mitgeben, prägt sie wesentlich intensiver als das, was sie später an Zuwendung oder Ablehnung erfahren. Die frühe Erfahrung ist sozusagen der Grund-

16 Schwickert 2016.

stein, der das Lebensgebäude trägt. Wenn er in der Kindheit schwach und baufällig war, dann ist es mühsam, ihn später neu zu setzen. Aber es ist nicht unmöglich!

„Ich konnte es Mutter nie recht machen“, klagt Maria in der Therapie. „An allem war ich schuld. Wenn mein kleiner Bruder Mist gebaut hat, dann bekam ich die Schläge, weil ich angeblich nicht richtig aufgepasst hätte.“ – „Aus dir wird nie was, du bekommst ja gar nichts hin“, musste sich Maria oft von ihrer Mutter anhören. Ein Hauptschulabschluss gelang Maria nur mithilfe einer Freundin und deren Familie, wo sie sich immer gerne aufhielt. Dann lernte sie Erich kennen und wurde gleich beim ersten Sex schwanger. Großer Ärger zu Hause. Um ihrer Mutter zu entfliehen, zog sie mit 16 Jahren zu Erich, heiratete, bekam zwei weitere Kinder mit ihm. Aber mit der Zeit wurde Erich immer wortkarger. Kaum ein anerkennendes Wort kam über seine Lippen. Maria gab sich größte Mühe, eine gute Ehefrau zu werden. Nachdem sie und Erich sieben Jahre verheiratet waren, fragte Erich sie eines Tages, ob sie etwas dagegen hätte, wenn er fremdginge. Maria war wie vor den Kopf gestoßen. Sie kam sich so wertlos vor. Eine Versagerin auch noch in Sachen Beziehung. Die Ehe ging dann kurze Zeit später auseinander.

Maria kommt zur Psychotherapie, weil sie bei der Arbeit von ihrer Vorgesetzten häufig wegen Lappalien kritisiert wird. War sie auch hier wieder eine Versagerin? Wie früher in der Kindheit bei Mutter, wie in der Ehe bei Erich? Eigentlich liebt sie ihre Arbeit. Mitarbeiterinnen schätzen sie als Kollegin, die oft für sie einspringt und Schichten übernimmt.

Aber Maria ist nicht mehr das vernachlässigte klein gehaltene Kind von damals, das sich nicht wehren kann, sondern eine gestandene Frau, die für sich selbst eintreten kann. Sie muss lernen, sich etwas zuzutrauen, statt alles passiv zu erleiden. Und so übt sie, Nein zu sagen, ihre Fähigkeiten zu entdecken und sich dafür zu lieben. Mutig wechselt sie irgendwann die Arbeitsstelle. Am neuen Arbeitsplatz macht sie die erstaunliche Erfahrung, dass sie als Mitarbeiterin geschätzt wird. Neulich bekam sie ein besonderes Lob ihrer jetzigen Chefin, weil sie mit ihrer einfühlsamen Art gut bei den Kunden ankommt.

Maria hat ihre in der Kindheit entstandenen Versagensängste überwunden und Stärke gewonnen.

Wir sind nicht auf die Fehlentwicklungen unserer Kindheit festgelegt, sondern können zu jeder Zeit erlernte Muster durchbrechen.

Der finnische Psychiater Ben Furmann sagt in einem Buchtitel provozierend: „Es ist nie zu spät, eine glückliche Kindheit zu haben“[17]. In dem Buch beschreibt er Menschen, die schwierige Startbedingungen hatten. Sie schildern, wie sie es trotzdem geschafft haben, etwas aus ihrem Leben zu machen. Neue Studien aus der Bindungsforschung bestätigen dies. Wir sind nicht auf die Fehlentwicklungen unserer Kindheit festgelegt, sondern können zu jeder Zeit erlernte Muster durchbrechen.

Manchmal sind es jedoch die äußeren Bedingungen, die ein fröhliches Aufwachsen erschweren. Kinder aus Krisengebieten und in Flüchtlingslagern werden früh mit Angst und Schrecken konfrontiert. So war es auch bei Miriam.

---

17 Furmann 2013.

Jetzt schwanger, das passt gar nicht. Miriam und ihre Mutter

Ich habe Angst. Irgendwas braut sich zusammen. Die Ägypter hassen uns. Mich und mein Volk, die Juden. Ich heiße Miriam, bin 10 Jahre alt und lebe mit meinen Eltern und meinem kleinen Bruder Aaron hier am Nil. Sie denken, ich bin noch ein kleines Mädchen und verstehe nichts, aber ich habe schon früh die Sorgen meiner Eltern gespürt, ihre ohnmächtige Wut. Meine Kindheit war nicht unbeschwert, denn man wusste nie, was als Nächstes Schlimmes passiert. Dazu muss man wissen: Seit Generationen wohnt unser Volk in Ägypten. Lange ist alles gut gegangen. Aber seit einigen Jahren wird es immer schlimmer. Die Ägypter beschneiden unsere Rechte und lassen uns schuften wie Sklaven, für einen Hungerlohn. Mindestlohn, Gewerkschaften? Dass ich nicht lache! Das hier ist ein Terrorregime! Wenn wir aufmucken oder ihnen irgendwas nicht gefällt, verprügeln sie uns brutal oder werfen uns ins Gefängnis. Du kannst dich nie sicher fühlen. Der Pharao lässt riesige Pyramiden bauen. Damit will er sich ein Denkmal setzen. Jeden Tag müssen unsere Männer Steine schleppen, von morgens bis abends. Das ist Schwerstarbeit.

Aber damit nicht genug. Die Ägypter fürchten, dass wir zu viele werden und eine Revolution anzetteln. Unsere Leute kriegen nämlich viel mehr Kinder als sie, und die sind nicht so verweichlicht wie diese verwöhnten Söhnchen ägyptischer Luxusweibchen, denen alles hinterhergetragen wird. Unsere Mütter sind stark und wir Kinder müssen früh mit anpacken. Verhätscheln ist nicht angesagt. Ich musste von klein an mitarbeiten, musste Wasser am Brunnen holen und die Schafe

Jetzt schwanger, das passt gar nicht. Miriam und ihre Mutter

füttern, beim Feuermachen und Kochen helfen und bei der Wäsche, musste auf meinen kleinen Bruder Aaron aufpassen. Meine Mutter Jochebed bringt mir alles bei, sie erzählte mir auch von unserem Stammvater Abraham und von dessen Urenkel Joseph, durch den wir hier in Ägypten landeten. Vor allem aber erzählt sie mir von unserem großen Gott und lehrt mich unsere jüdischen Traditionen und Gebete. Wenn sie davon anfängt, leuchten ihre Augen. Der Glaube ist ein stabiles Fundament für sie, das spürt man. Gerade in Angst und Not stützt er sie. Andere verlieren in diesen schlimmen Zeiten ihren Glauben und wenden sich von Gott ab. „Ein Gott, der solches Leid zulässt, der kann mir gestohlen bleiben“, sagen sie. Aber besser geht es ihnen damit nicht. Ich möchte gern so glauben wie meine Mutter. Jeden Tag betet sie zu Gott. Sie gibt die Hoffnung nicht auf, dass er uns eines Tages helfen und uns befreien wird. Aber dass sie selbst dabei eine Rolle spielen würde, dass Gott sie einbauen würde in seinen Plan, damit hat sie wohl nicht gerechnet. Tja, so ist das: Wenn man zu Gott betet: „Schick uns jemand, der uns hilft“, dann kann es passieren, dass Gott sagt: „Ja, und dir habe ich auch eine Aufgabe dabei zugedacht.“

Wenn man zu Gott betet: „Schick uns jemand, der uns hilft“, dann kann es passieren, dass Gott sagt: „Ja, und dir habe ich auch eine Aufgabe dabei zugedacht.“

Meine Mutter nimmt mich ernst und traut mir viel zu. Was bleibt ihr auch anderes übrig, wir haben schließlich kein Personal wie die reichen Ägypter und unser Vater ist ja von morgens früh bis abends spät beim Pyramidenbau. Ich bin schon ganz schön fit und selbstständig für mein Alter und schrecke vor neuen Herausforderungen nicht zurück.

Die Ägypter spüren unsere Stärke und unsere unterdrückte Wut und sie lassen sich immer neue Schikanen einfallen. Aber was sie sich jetzt ausgedacht haben, sprengt jeden Rahmen von Gesetz und Recht. Das hätte ich mir in meinen schlimmsten Träumen nicht ausgemalt. Erst haben sie unsere beiden jüdischen Hebammen vor den Pharao zitiert. Der befahl ihnen: „Wenn ihr einer von euren Frauen bei der Geburt helft und seht, dass das Neugeborene ein Junge ist, dann bringt ihn um. Die Mädchen könnt ihr am Leben lassen." – Nebenbei, damit hat er uns Frauen ganz schön unterschätzt. Wie sehr, das werden Sie gleich sehen. – Aber stellen Sie sich das mal vor! Die Ägypter schrecken ja wirklich vor nichts zurück. Das ist Mord! Unsere Hebammen, sie heißen Schifra und Pua, haben dem Pharao ihr Entsetzen nicht gezeigt, sie haben ihm nicht widersprochen, das war schlau. Aber sie haben seinen Befehl einfach nicht umgesetzt. Man muss Gott mehr gehorchen als den Menschen, sagten sie sich, auch mehr als dem mächtigen Pharao. Und Gott sagt ganz klar: Du sollst nicht töten. Die Hebammen haben dem Pharao also nicht gehorcht und alle Kinder am Leben gelassen, auch die Jungs. Total mutig, finde ich. Doch nach einiger Zeit fiel es dem Pharao natürlich auf, dass seine Maßnahme nicht griff. Er zitierte unsere Hebammen zu sich und verlangte Rechenschaft von ihnen. Oh je, ich wäre ja gestorben vor Angst. Aber die Hebammen ließen sich nicht einschüchtern, sie behaupteten dreist: „Die hebräischen Frauen sind nicht so schwach und kraftlos wie die ägyptischen Frauen. Sie sind stark und kriegen die Geburt alleine hin. Wenn wir gerufen werden, ist das Kind meist schon geboren, da können wir nichts mehr machen." Erstaunlich, der Pharao schluckte diese freche Lüge und ließ die Hebammen laufen. Sie waren danach bei uns so angesehen wie nie zuvor und jeder wollte ihnen Gutes tun. Aber der Pharao gab seinen brutalen Plan nicht auf. Nun schickte er seine Soldaten durch unsere Siedlungen. Sie patrouillieren durch unsere Straßen und wenn sie einen Säugling schreien hören und feststellen, dass es ein Junge ist, wird er umgebracht. Vor den Augen der Mutter. Diese Mörder! So brutal sind sie! Sobald ich draußen den Schritt von Soldaten höre, krampft sich mein Magen zusammen. Meine Mutter sagt, Gott wird die Ägypter strafen. Sie ist irgendwie so unerschütterlich in ihrem Glauben. Aber warum tut Gott nicht endlich was? Wann wird er uns befreien?

Nun ist meine Mutter auch noch schwanger. Wie furchtbar. Musste das sein? Sie hat doch schon mich und meinen Bruder Aaron. Konnten sie nicht aufpassen, sie und mein Vater? Es ist doch total die falsche Zeit Kinder zu kriegen. Jetzt ein Baby, das ist unmöglich. Was, wenn es ein Junge wird? Meine Mutter sagt: Miriam, vertrau auf Gott. Er hat uns dieses Baby geschickt, er wird es retten. Wie kann sie nur so naiv sein? Wie soll ich auf Gott vertrauen, wenn ich fast täglich die Schreie der ermordeten Kinder höre?

Jetzt ist es genau so passiert. Ich hab's geahnt. Das Baby ist geboren und – es ist ein Junge. Ich kann kaum noch essen. Sobald ich draußen was höre, kriege ich Panik, und mein Magen verkrampft sich. Auch meine Mutter ist unruhig. Wenn sie den Kleinen stillt, sind zugleich alle ihre Sinne geschärft. Noch ist der Kleine friedlich und schläft viel. Aber das wird nicht so bleiben, das weiß ich noch von Aaron. Irgendwann fing er dermaßen an zu brüllen, wenn er Hunger hatte oder wenn ihm was nicht passte – das kann doch keinem ägyptischen Soldaten verborgen bleiben. Was dann?

Aber meine Mutter hat einen Plan. Ein Plan – oder ist es eher ein Akt der Verzweiflung? Das Baby ist jetzt drei Monate alt. Meine Mutter bastelt ein kleines Körbchen aus Schilf und verklebt es fest mit Harz. Ich weiß nicht, wie sie auf diese Idee gekommen ist. Sie sagt, es war irgendwie eine Eingebung. In dieses wasserfeste Körbchen legt sie meinen kleinen Bruder und trägt es zum Nil. Sie setzt es einfach in das Schilf am Ufer und geht wieder nach Hause. Was soll das denn jetzt? Das kann sie doch nicht machen! Zu mir sagt sie: „Miriam, ich kann das Baby jetzt nicht mehr schützen. Gott muss auf es aufpassen und das wird er auch tun. Hilf mir glauben und beten.“ Krass, oder? Also ich finde, das geht jetzt zu weit mit ihrem Gottvertrauen. Ich komme da nicht mit. Klar, ich bete, aber glauben fällt mir schwer. Ich muss sehen, was passiert. Muss auf meinen kleinen Bruder aufpassen. Im Schilf kann ich mich verstecken. Da hab ich alles im Blick.

Ich gebe zu, der Ort ist nicht dumm gewählt. Es geht hier ganz flach in den Fluss. Eine beliebte Badestelle. Auch die Prinzessin kommt manchmal hierhin. So auch heute. Mit ihrem Gefolge breitet sie sich am Ufer aus. Hilfe, hoffentlich schreit mein kleiner Bruder nicht. Aber sein Körbchen ist vom Ufer aus sichtbar. Auf einmal zeigt die Prinzessin darauf und sagt etwas zu einer Dienerin. Die holt das Körbchen aus dem Schilf und bringt es der Prinzessin. O Gott, was wird jetzt passieren? Mein Herz sinkt in die Hose. Ich höre, wie mein Bruder jämmerlich weint. Jetzt ist alles aus. Aber nein, die Prinzessin ist gerührt. Sie guckt besorgt und voller Mitgefühl in den Korb und sagt: „Was für ein süßes Kind. Das ist doch bestimmt einer von den jüdischen Jungen. Er soll nicht sterben. Ich werde ihn behalten. Bloß – wie soll ich ihn füttern?“ Die Dienerinnen schütteln ratlos die Köpfe. Da kommt mir ein Geistesblitz. Ich nehme all meinen Mut zusammen – das hab ich, glaub ich, von meiner Mutter geerbt oder abgeguckt. Ich verlasse mein Versteck, laufe zur Prinzessin und sage: „Ich kenne da eine Frau, die hat gerade ein Baby bekommen und hat genug Milch, soll ich sie holen?“ – „Ja, bring sie her“, sagt die Prinzessin. Ob sie mich durchschaut? Denn wen habe ich wohl geholt? Meine Mutter natürlich. Nun, auch wenn die Prinzessin etwas ahnen sollte, sie lässt sich nichts anmerken. Sie sagt zu meiner Mutter: „Hör zu, nimm dieses Kind und stille es, ich werde dich gut dafür bezahlen, und in drei Jahren, wenn es abgestillt ist, bringst du es mir an den Königshof. Übrigens, er soll Mose heißen.“ Mose – das bedeutet in unserer hebräischen Sprache „herausgezogen“ oder auch „Herauszieher“. Nun, herausgezogen hat die Prinzessin ihn ja wirklich, aus dem Wasser des Nils. Wir waren sehr beeindruckt, dass diese ägyptische Prinzessin ihrem Adoptivsohn einen hebräischen Namen gab. Ohne zu ahnen, wie prophetisch dieser Name gleichzeitig war. Denn herausziehen würde Mose uns später, aber davon wussten wir damals natürlich noch nichts.

Wir sind also wieder zu Hause mit Mose. Wenn ich meine Mutter mit dem Kleinen sehe, bin ich immer noch fassungslos. Sie stillt ihr eigenes Kind, steht dabei unter dem Schutz der Prinzessin und kriegt das auch noch bezahlt. Damit sind zugleich unsere finanziellen Sorgen komplett behoben. Wie genial hat Gott das gelöst. Und er hat mich dafür mit eingesetzt. Wie toll. Ich fühle mich wichtig und irgendwie geadelt.

Danke, Mama, dass du mich immer miteinbezogen hast. Nie gesagt hast: Dafür bist du zu klein, das verstehst du noch nicht. Das hat mir den Weg geebnet, mitzudenken und mutige Entscheidungen zu treffen. Ja, unser Beten hat geholfen. Gott hat uns erhört auf eine Weise, die wir uns nie hätten träumen lassen. Ich schäme mich meiner Zweifel. Und über eins bin ich mir ziemlich sicher. Gott hat mit unserem Mose was Besonderes vor. Ob ich dabei wohl auch weiter eine Rolle spielen werde?

Ja, unser Beten hat geholfen. Gott hat uns erhört auf eine Weise, die wir uns nie hätten träumen lassen.

Miriam sollte es tatsächlich noch erleben, dass die Gebete ihrer Mutter und ihres Volkes erhört wurden. Der auf wunderbare Weise gerettete Mose wurde viele Jahre später der Leiter des Auszugs der Israeliten aus Ägypten. Und Aaron und Miriam unterstützten ihn dabei. So schrieben die drei Geschwister zusammen Geschichte. Beim Propheten Micha heißt es später ausdrücklich: Mose, Aaron und Miriam haben zusammen das Volk aus Ägypten geführt (Micha 6,4).

Als die Israeliten am Roten Meer schließlich der Verfolgung durch die Ägypter entkommen sind, schlägt Miriam die Pauke und stimmt ein Loblied an: „Groß ist Gott. Gepriesen sei er. Ross und Reiter warf er ins Meer.“[18] Als erste Frau in der Bibel wird Miriam dabei als Prophetin bezeichnet (2. Mose 15,20–21).

---

18 Freie Übertragung nach Hans Walter Wolff.

Maria, die Mutter aller Mütter

von Pater Manfred Hösl SJ

Warum hat Maria bei so vielen Christen und vor allem Christinnen eine so große Bedeutung? Dass Maria bei den Katholiken die XXL-Heilige ist, scheint klar. Unzählige ihr gewidmete Kirchen oder gemalte Bilder sprechen da Bände! Und auch bei den orthodoxen Christen steht Maria hoch im Kurs – man denke allein an die vielen Ikonen mit ihrem Konterfei. Und sage keiner, die Protestanten hätten für Maria nichts übrig: Das neue katholische Gesangbuch Gotteslob hat ein wunderschönes Gebet von Martin Luther abgedruckt, in dem es nur so von Superlativen über Jesu Mutter wimmelt.[19]

Vor einiger Zeit war ich in Hamburg. Die Pastorin der zentralen Petrikirche erzählte von dem, was in ihrer Kirche – mitten in der Shoppingmeile Mönckebergstraße gelegen – tagsüber so alles passiert. Es gibt mehrere Gelegenheiten eine Kerze aufzustellen, etwa beim Christusleuchter oder in der Friedensgebetsecke. Aber da stehen jeweils nur ein paar Lichter. Die mit Abstand meisten Kerzen stehen bei der laut Pastorin „ältesten Sandstein-Madonna Norddeutschlands" – und das in einer der fünf lutherischen Hauptkirchen Hamburgs!

Auch in katholischen Kirchen kann man feststellen: Nirgendwo brennen mehr Kerzen als vor der Marienstatue oder der Marienikone. In unserer Göttinger Sankt-Michaels-Kirche sind es pro Tag 150 bis 200, in der Advents- oder Osterzeit um ein Vielfaches mehr!

---

19 Gotteslob 2013, Nr. 10.3, S. 60.

Maria hat es also über den Hintereingang geschafft, in die Nähe der Dreifaltigkeit zu gelangen. Hier wird jeder Theologe gleich welcher Konfession natürlich offiziell Protest einlegen, aber faktisch ist doch genau das passiert! Das könnte daran liegen, dass unser Gottesbild immer männlicher geworden ist: Im Deutschen haben wir es ja bei Vater, Sohn und Heiligem Geist ausschließlich mit männlichen Gottesprädikaten zu tun. Im Lateinischen ebenso: Deus, Filius, Spiritus. Im neutestamentlichen Griechisch ist immerhin der Heilige Geist zumindest sächlich (to pneuma = Neutrum), neben den männlichen Bezeichnungen Theos und Hios für Gott und Sohn. Nur im alttestamentlichen Hebräisch hat Gott auch weibliche Attribute – so ist das Wort für Geist ein Femininum: Ruach. Offenbar haben sich besonders die Christinnen an der Basis, trotz aller theologischen (männlichen!) Proteste von oben, die verloren gegangenen weiblichen Anteile indirekt über Maria wieder zurückgeholt.

Im alttestamentlichen Hebräisch hat Gott auch weibliche Attribute – so ist das Wort für Geist ein Femininum: Ruach.

Meist sind es tatsächlich Frauen, die ihre schweren Einkaufstüten für ein paar Minuten abstellen, um eine Kerze in unserer Kirche anzuzünden. Viele Omis und traditionelle Hausfrauen. Manchmal aber auch eine Geschäftsfrau in elegantem Outfit, eine Professorin von der Uni oder eine Muslima mit Kopftuch.

Was suchen und finden diese vielen Frauen bei Maria? Nun, in der katholischen Tradition gilt Maria als besonders schmerzgeplagt. Am 15. September eines jeden Jahres feiert die katholische Kirche Maria Dolores – die sieben Schmerzen Marias. Mit wohlmeinenden Augen kann man in der Bibel sieben Schmerzen Marias ausmachen:

1. Die Weissagung des greisen Simeon, dass Maria ein Schwert durch die Seele gestoßen wird, anlässlich des Tempelbesuchs der heiligen Familie (Lukas 2,35).
2. Die beschwerliche Flucht nach Ägypten (Matthäus 2,13–15)
3. Die dreitägige Suche nach dem verschwundenen 12-jährigen Jesus und das Wiederfinden im Tempel (Lukas 2,41–52)
4. Maria steht am Kreuzweg Jesu (Lukas 23,27f)
5. Die Kreuzigung Jesu (Johannes 19,25–27a)
6. Die Abnahme des Leichnams Jesu (Johannes 19,38)
7. Die Grablegung Jesu (Lukas 23,55)

Das Gemeinsame all dieser Schmerzen: Es handelt sich durch die Bank um passive Schmerzen. Alle Mütter kennen das. Wenn die Kleinen krank sind – wie gerne möchte man in ihre Haut schlüpfen und ihnen den Schmerz abnehmen! Wenn man sieht, wie sich Menschen, die man liebt, quälen müssen, und man hat keine Chance, einzugreifen, ist das furchtbar. Oder man liegt wach und kann nicht einschlafen, ehe die Teenagertochter wieder zu Hause ist. Seltene und doch zu häufige Zeitungsberichte über Mädchen, die nicht nach Hause kamen, können eine Mutter schier wahnsinnig machen. Und die besänftigende Stimme „Es wird schon nichts passieren …“ erreicht sie nicht.

Im Fall von solchen passiven Schmerzen ist der Gang zum Arzt sinnlos. Selbst die Psychologen tun sich da schwer, denn es handelt sich ja nicht um ein nicht mehr hinreichend funktionierendes Körperteil an mir, sondern um einen geliebten Menschen, dessen Heil ich so gerne gewahrt sehen möchte.

Von dieser Art sind die sogenannten sieben Schmerzen Marias, die findige Bibelleser aus den Evangelien herausgefunden haben:

- Maria bekam keine Nägel zwischen die Hände – sie musste „nur“ ohnmächtig zusehen, wie man sie durch Jesu Hände trieb.
- Sie wurde nicht selbst verspottet, sie musste „nur“ schutzlos zuschauen und ausharren, ohne eingreifen zu können.
- Sie starb nicht selbst, sie musste „nur“ zusehen, wie ihr Jesus starb.

Marias Schmerz war immer der abgeleitete, indirekte. Der Schmerz einer Mutter! Eine meiner Tanten sagte einmal: „Ich kann alles ertragen, aber ich möchte nicht erleben, dass eines meiner Kinder vor mir stirbt.“ Ich glaube, meine Tante kann die sieben Schmerzen Marias nachvollziehen.

In unserer Kirche Sankt Michael in Göttingen gab es bis zur Renovierung vorne eine Kreuzigungsgruppe, wie es sie in vielen Kirchen gibt: Jesus am Kreuz und darunter der Apostel Johannes und Maria, die Mutter Jesu. Manchmal denke ich mir: Wie viele Mütter kommen in die Kirche, um für ihre Kinder zu beten! Söhne und Töchter, die auf einem schwierigen Weg sind, um die man sich Sorgen macht. Die Mütter von Aleppo oder Mossul, die Trümmerfrauen von heute, deren Kinder für Armeen rekrutiert worden sind oder die gar in den Fängen terroristischer Fanatiker sind. Ich bin überzeugt: Sie finden beim Blick auf Jesus und seine Mutter Maria Trost.

Oft sind die Schmerzen der Mütter passiver Natur. Es ist das Mit-Leiden, das Zusehen-Müssen, die Ohnmacht. Irgendwelche Diktatoren, meinen, Weltgeschichte machen zu müssen – und ich kann nichts machen! Das Schicksal schlägt zu – und ich bin wehrlos!

Oft sind die Schmerzen der Mütter passiver Natur. Es ist das Mit-Leiden, das Zusehen-Müssen, die Ohnmacht.

Doch es sind nicht nur die großen schwerwiegenden Probleme, in denen Frauen sich bei Maria verstanden fühlen. Es sind auch die vielen kleinen Sorgen. Mit denen möchte man die Heilige Dreifaltigkeit doch nicht belästigen! Der Herrgott hat mit den viel zu vielen Kriegen und Ungerechtigkeiten in dieser Welt ja nun wirklich genug zu tun. Da möchte man ihm mit dem kleinen privaten Krimskrams nicht auch noch zur Last fallen. Aber subjektiv kann einem das kranke Kind oder die demente Mutter zu Hause mehr Probleme bereiten als der ganze Klimawandel. Und dann geht man einfach zur Gottesmutter, denn DIE versteht mich! DIE weiß, was eine einfache Mutter so umtreibt, DIE hat sich einen Blick und ein Herz für die Sorgen der kleinen Frau bewahrt.

Maria hat sich einen Blick für die Sorgen der kleinen Frau bewahrt. Ehre kommt allein Gott zu, aber wir können uns an ihrem gottgefälligen Leben ein Vorbild nehmen.

Es war die Mutter, was bedarf's der Worte mehr? – dies kann man manchmal in Todesanzeigen lesen. Und Hand aufs Herz: Wenn Sie in Ihrer Kindheit Trost gesucht haben, zu wem sind

Sie dann gegangen oder gehen noch heute? Genau, zur Mutter! Maria ist einfach für unzählige Christen die beste Trostspenderin überhaupt.

Wen aber nun theologische Bedenken plagen, der sollte wissen: Maria oder die Heiligen verehren heißt vor allem, sich an ihrem gottgefälligen Leben ein Vorbild zu nehmen. Ehre kommt, auch nach katholischem Verständnis, allein Gott zu. Denn er ist es, von dem das Heil kommt. Wer trotzdem in einer Marienverehrung eine Konkurrenz zur Christusverehrung befürchtet, dem sei angetragen: Können Sie sich wirklich vorstellen, dass Jesus auf seine Mutter neidisch ist, weil die mehr Kerzen kriegt als er? Gibt es überhaupt jemanden, der etwas dagegen hat, wenn man gut über seine Mutter spricht? Wir haben keinen kleinkarierten, schmollenden Jesus, sondern einen großen Christus. Und der hat eine verständnisvolle Mutter.

Mut zum Spießigsein: Mütter und Mädchen in der Pubertät

Pubertät – Mädchen dürfen ihre Geheimnisse haben

Pubertät kommt von dem lateinischen Wort *pubes*. Das bedeutet Unterleib, aber auch Scham. In der Tat schämen sich Mädchen für vieles in dieser Lebensphase. Auch für ihre Mütter. Oft haben Mädchen Probleme damit, wie ihr Körper sich verändert. In meiner Praxis beginnen sie das Gespräch dann meist so: „Es ist mir peinlich, aber ..."

Pubertät ist der große Umbruch vom Mädchen zur Frau. Die Regie für diese einschneidende Veränderung übernimmt das Zentrale Nervensystem. Es benutzt dafür körpereigene Botenstoffe, die Hormone. Auch Umweltfaktoren beeinflussen die Pubertät. So gibt es Hinweise darauf, dass Mädchen aus Scheidungsfamilien ihre Periode rund sechs Monate früher bekommen.[20]

---

20 Palitzsch/Stolecke 1994, S. 73.

Seltsamerweise vergessen Menschen gerade die entscheidenden Jahre der Pubertät am meisten. Wenig bleibt davon in der Erinnerung zurück. Dabei haben Mädchen gerade in dieser Lebensphase ein starkes Bedürfnis danach, verstanden zu werden. Darum könnte es hilfreich sein, wenn Mütter versuchen, Gedanken und Gefühle aus der eigenen Sturm-und-Drang-Zeit zu reaktivieren. Es ist jetzt nämlich nicht leicht, einen Zugang zu den Töchtern zu finden. An die Stelle von kindlicher Offenheit und Vertrauen treten Schweigen und Ausweichen. Oder auch Aufsässigkeit und gnadenlose Kritik. Töchter finden ihre Mütter jetzt oft hässlich und ihr Verhalten peinlich. Sie scheuen sich nicht vor verletzenden Äußerungen. „Musst du in diesem scheußlichen Rock herumlaufen?“ – „Deine Frisur ist so megaspießig. Die grauen Haare machen dich richtig alt.“ Mit Absicht tun sie das Gegenteil von dem, was Mutter gut findet. Das ist schwer auszuhalten, aber es sind normale Pubertätsreaktionen. Mütter sind gut beraten, wenn sie dieses Verhalten nicht persönlich nehmen und sich davon herunterziehen lassen, sondern wenn sie es aus einer gewissen Distanz, sozusagen von außen, betrachten und sich sagen: „Gut, dass meine Tochter ihre Pubertät so normal durchläuft. Wir stehen das jetzt durch und diese schwierige Phase wird irgendwann vorbeigehen.“ Jugendliche nämlich, bei denen in der Pubertät alles leicht und harmonisch ist, holen diese Phase manchmal im Erwachsenenalter nach, und einige bleiben dann sehr lange darin stecken.

Mit Absicht tun die Mädchen das Gegenteil von dem, was Mutter gut findet. Das ist schwer auszuhalten, ist aber eine normale Pubertätsreaktion.

Die Töchter suchen sich in der Pubertät andere Vertrauenspersonen. Die „Peergroup", die Gruppe der gleichaltrigen Mädchen, wird immer wichtiger. Liebeskummer oder Zickenkrieg – darüber redet man nun mit der besten Freundin. Mutter rutscht ins zweite Glied. Unsere Tochter Brita hatte damals ihre „Cosher-Clique". Eine Gruppe von sechs Mädchen, die ein Herz und eine Seele waren und alles zusammen machten. Sie schrieben sich dicke Briefbücher, seitenlang, die immer hin- und hergingen und denen sie alles anvertrauten, was sie beschäftigte. Mütter tun gut daran, sich nicht dazwischenzudrängen, alles wissen zu wollen oder gar hinterherzuspionieren. Die Mädels müssen ihre Geheimnisse haben dürfen. Je mehr die Mutter das respektiert, desto mehr wird die Tochter ihr vertrauen.

Die Pubertät ist bei Mädchen immer noch stark verknüpft mit dem Einsetzen der Regelblutung. Sie tritt in den westlichen Industrieländern durchschnittlich mit 12 Jahren ein.[21] Die eigentliche Pubertät beginnt aber schon mindestens zwei Jahre eher. Dann wachsen die Mädchen plötzlich und spüren weitere körperliche Veränderungen. Die Fettverteilung ändert sich. Typisch weibliche Rundungen formen sich an Oberschenkeln, Becken und Bauch. Das verunsichert viele Mädchen, oft finden sie sich hässlich und mögen ihren Körper nicht mehr. Verschiedene Diäten werden ausprobiert und wieder fallen gelassen. Auch das Wachsen der Brust wird argwöhnisch beäugt. Asymmetrien sind zu Beginn der Pubertät häufig und lösen Besorgnis aus. Meist jedoch verlieren sie sich mit der Zeit.

21 In Deutschland im Schnitt zwischen dem 10. und 16. Lebensjahr. Im 19. Jahrhundert lag die Menarche noch zwei Jahre später.

Belastend ist für viele auch die häufig auftretende Pubertätsakne. Sie beginnt ab dem 11. Lebensjahr und erreicht ihren Höhepunkt zwischen dem 17. und 19. Lebensjahr. Viele Mädchen verbringen in dieser Zeit Stunden vor dem Spiegel und experimentieren mit Cremes und Packungen. Sie sind unglücklich über ihr Aussehen und hochempfindlich, wenn jemand eine unbedachte Bemerkung darüber macht.

Die pubertären Wachstumsprozesse dauern insgesamt ungefähr zehn Jahre, das Ende ist also erst mit ca. 21 Jahren erreicht.

Die Pubertät ist auch eine Zeit der Selbstfindung: Wer bin ich? Was will ich? Wo muss ich mich abgrenzen? Oft stellen Mädchen in dieser Phase existenzielle Fragen: Was ist der Sinn meines Lebens? Wer passt zu mir? Wo will ich hin?

Unsere Tochter Brita beschäftigte sich lange mit der Frage, was sie studieren sollte: Jura oder Medizin. Jura fand sie sehr spannend – „es ist genauso logisch wie Mathe!“, schwärmte sie. Aber als Ärztin zu arbeiten konnte sie sich auch gut vorstellen. Sie klagte ihren Konflikt Tante Käthe, der damals 85-jährigen Patentante meines Mannes: „Wenn ich Medizin studiere, muss ich zwei Jahre lang Physik, Chemie und Bio machen, alles Fächer, die ich hasse. Der Beruf würde mir ja Spaß machen, aber nicht das Studium!“ Tante Käthe erwiderte: „Also weißt du, ich als alte Frau kann dir nur sagen, im Rückblick auf mein Leben: Was sind schon zwei Jahre? Die gehen so schnell herum.“ Diese Perspektive von rückwärts war für Brita neu und hilfreich. Tatsächlich bewarb sie sich nach dem Abitur für ein Medizinstudium und bekam auch sofort einen Studienplatz. Später sagte sie: „Wie gut, dass ich nicht in einer Kanzlei sitzen und Schriftstücke verfassen muss!" Sie hatte ihre Berufung gefunden.

Die Pubertät ist eine wichtige Experimentierphase auf dem Weg zur reifen Persönlichkeit. Die seelische Entwicklung läuft dabei nicht so planmäßig ab wie der körperliche Wandel. Soziale Faktoren, so zeigen Untersuchungen in den Vereinigten Staaten, beeinflussen die Entwicklung weit mehr als die hormonellen Veränderungen.

Hinzu kommt seit der Generation Y[22] das Internet als einflussreiches Medium. Nach der Shell-Jugendstudie von 2015 haben 99% der Jugendlichen zwischen 12 und 25 Jahren Zugang zum Internet, 81% über ihre Smartphones. Durchschnittlich verbringen Jugendliche heute 18 Stunden pro Woche im Internet. Das sind zweieinhalb Stunden täglich. Zum Vergleich: 2002 hatten nur 65% der befragten Jugendlichen Zugang zum Internet und hielten sich eine Stunde täglich darin auf. – Heute benötigen 57% das Internet, um in sozialen Netzen dabei zu sein. 42% suchen nach Informationen. 30% surfen mindestens einmal am Tag einfach drauflos. E-Mail-Programme dagegen nutzen nur 26% der Jugendlichen täglich. Der größte Teil der Kommunikation läuft über Social Media wie Facebook, WhatsApp oder Snapchat. Über 50% der Jugendlichen geben an, dass der Verlust ihres Smartphones eine Katastrophe wäre. Dann würde ihnen ihr halbes Leben fehlen.

22 Generation Y ist die Generation nach den Baby-Boomer-Jahren ab etwa 1980 bis 1999. Diese Generation ist teilweise schon mit digitalen Medien und Internet aufgewachsen. Generation Z sind die ab 2000 Geborenen, die von Anfang an als „Digital Natives" mit den digitalen Medien groß werden.

Mädchen nutzen diese Kommunikationsform noch mehr als Jungen. Fotos aus der Umkleidekabine vom hippen Top, vom Latte macchiato im Eiscafé oder von der Schminksession mit den Freundinnen, alles wird geteilt und verbreitet. Wer nicht dabei ist, hat Angst, Wichtiges zu verpassen. Welche Auswirkungen dieser Medienkonsum langfristig auf die Entwicklung von Jugendlichen hat, muss derzeit noch weiter untersucht werden. Erste Ergebnisse einer großen Medienstudie legen einen Zusammenhang zwischen intensiver Mediennutzung und Entwicklungsstörungen von Kindern nahe.[23]

Es gibt Hinweise, dass diese Medien das Zeug zum Suchtmittel haben. Immer häufiger kommen Jugendliche mit chronischen Kopfschmerzen in meine Praxis. Eine Ursache ist die permanente Beschäftigung mit dem Smartphone. Nicht nur der Blick auf den Bildschirm strengt die Augen an, sondern auch die verkrampfte Haltung des Kopfes. Die Nackenmuskulatur verspannt sich, und das führt zu Kopfschmerzen. Aber das nehmen sie in Kauf, denn durch das Smartphone halten sie den Kontakt zu ihrer Clique. Neulich kritisierten Freunde von uns ihre 16-jährige Tochter, die selbst während des Essens alle paar Minuten auf ihr Handy guckte. Darauf sagte die Tochter: „Ich muss da dranbleiben, sonst werde ich abgehängt.“

Welche Auswirkungen haben Faktoren wie etwa die soziale Herkunft auf das Verhältnis von Töchtern zu ihren Müttern? Die seit 1953 alle paar Jahre durchgeführte Shell-Jugendstudie hat zunächst beobachtet: Seit 2002 haben Jugendliche ein zunehmend positives Verhältnis zu ihren Eltern. Heute kommen 40 % der jungen Leute bestens und 52 % gut mit ihren Eltern

---

23 www.stiftung-kind-und-jugend.de/projekte/blikk-studie/

aus. „Den Jugendlichen ist ein *gutes Verhältnis* zu den Eltern wesentlich. Ein gutes Verhältnis beinhaltet keine oder nur seltene Auseinandersetzungen, einen freundlichen Umgangston, die Eltern als Ansprechpartner für Probleme, Offenheit füreinander und miteinander, füreinander da sein, Zuverlässigkeit, gegenseitiges Verständnis und, quasi als Ergebnis all dessen, ein Leben in Harmonie mit den Eltern."[24]

Für heutige Jugendliche ist ein *gutes Verhältnis* zu den Eltern wesentlich.

Während für Jungs eher praktische Hilfe zählt, ist für Mädchen dabei Vertrauen ein zentraler Wert.

Wie gut die Beziehung zu den Eltern ist, hängt allerdings stark von der sozialen Herkunft ab. Jugendliche aus der Unterschicht kommen deutlich schlechter mit ihren Eltern aus. Die Shell Jugendstudie kommt zu dem Schluss: „Ganz offensichtlich können die unvermeidlichen Konflikte und Spannungen, die sich gerade in der Zeit der Pubertät häufen, besser geregelt und abgebaut werden, wenn die Wohnsituation gut, die wirtschaftliche Lage angenehm und die Bildungsressourcen hoch sind."[25] Insbesondere junge Frauen sind seit 2002 zunehmend zufriedener mit dem Erziehungsstil ihrer Eltern und wollen diesen übernehmen. Das ist ein krasser Paradigmenwechsel gegenüber den Jugendlichen der 68er-Generation des letzten Jahrhunderts.

Die guten Beziehungen zwischen Müttern und Töchtern bleiben oft bis ins Erwachsenenalter erhalten. Exemplarisch

---

24 Albrecht/Hurrelmann (Hg.) 2015, S. 279.
25 Ebd., S. 53.

beschrieb es neulich eine Journalistin in der Frankfurter Allgemeinen Sonntagszeitung: „Als ich die Zusage für meinen ersten richtigen Job bekam, habe ich erst mal meine Mutter angerufen. Dann meinen Vater und erst dann meinen Freund und meine beste Freundin. In diesem Jahr werde ich 30, und noch immer rufe ich, wenn es wichtig wird, zuerst meine Eltern an. Schließlich haben sie mehr Lebenserfahrung als ich, sie kennen mich am allerlängsten, freuen sich besonders, wenn mir etwas Gutes passiert … Nur: Meine Eltern hätten in meinem Alter garantiert nicht zuerst meine Großeltern angerufen."[26]

Let's talk about Sex: Wie Aufklärung gelingt

Aufklärung findet heute zu großen Teilen in der Schule statt. Das ersetzt jedoch die Gespräche zu Hause nicht. Oft konzentrieren diese Gespräche sich vorwiegend auf das Thema Verhütung. Das ist wichtig, ohne Frage. Denn immer noch werden junge Mädchen ungewollt schwanger. Aber die tieferen Fragen sind doch: Wie muss ein Partner sein, dem ich mich vorbehaltlos hingebe? Sex ist nicht einfach Sport, er stiftet Beziehung. Nach dem Neuen Testament macht Sex zwei Menschen zu einem Paar, selbst wenn sie nur einen One-Night-Stand im Sinn haben. Paulus schreibt im 1. Korintherbrief: Wer mit einer Prostitu-

Bei der Aufklärung geht es nicht nur um Verhütung, sondern auch um die Frage: Welchem Partner gebe ich mich vorbehaltlos hin?

26 Feuerbach 2017.

ierten schläft, ist ein Leib mit ihr. Sex ist also nach der Bibel eine folgenschwere Handlung, selbst wenn er nur einmal oder mit einer Prostituierten vollzogen wird.

In den Köpfen vieler junger Mädchen stecken Bilder vom perfekten Sex, völlig überzogene Vorstellungen aus Büchern und Filmen. Ein Renner bei Frauen war vor einiger Zeit das dreibändige Werk „Shades of Grey". Sobald die beiden Protagonisten dieses Sado-Maso-Romans sich nur sehen, fallen sie praktisch sofort übereinander her und haben aus dem Stand den leidenschaftlichsten Sex. Diese unrealistischen Bilder schwirren in den Köpfen herum und viele Mädchen denken: Es muss sofort ganz irre werden. Und sie fragen sich: Bin ich schön und begehrenswert? Laut einer Forsa-Umfrage befürchtet jeder dritte Jugendliche, im Bett nicht gut genug zu sein. Mädchen fragen sich, ob sie alles richtig machen. Die Messlatte hängt hoch, Scheitern ist vorprogrammiert. Für die spielerischen Seiten der Liebe, für unbeholfene erste Experimente und zarte Annäherung an den Partner bleibt angesichts solcher Ideale nur wenig Raum. In früheren Zeiten gaben Mütter mitunter ihren Töchtern auf den Weg, Sex sei nicht besonders schön und eher zu erdulden als zu genießen. „Wenn die Pantoffeln vor dem Bett standen, wusste ich, jetzt bin ich dran", sagte eine ältere Frau mir mal. Heutigen Jugendlichen wird eher das andere Extrem vermittelt: Sexualität ist das Höchste der Gefühle und perfekt zu inszenieren. Dabei wäre es doch besser, jungen Mädchen zu vermitteln: Sexualität ist wunderbar, aber man muss sie erlernen wie alles im Leben, es darf Versuch und Irr-

Sexualität ist wunderbar, aber man muss sie erlernen wie alles im Leben. Es darf Versuch und Irrtum und Ausprobieren geben, Leichtigkeit und Spiel, Humor und Lachen.

tum und Ausprobieren geben, Leichtigkeit und Spiel, Humor und Lachen.

Mädchen müssen dabei wissen: Die Bedürfnisse von Männern und Frauen sind in sexueller Hinsicht sehr unterschiedlich. In der Regel „wollen" Männer häufiger als Frauen. Darum sind es meist die Mädchen, die sich abgrenzen müssen, wenn sie das Gefühl haben: Das ist jetzt noch nicht dran.

Später allerdings grenzen Frauen sich oft zu sehr ab. Manche Paare haben wochen- oder monatelang keinen Sex, weil oft die Frauen keine Lust haben. Eine befreundete Gynäkologin berichtet: „Ich setze diese Frauen immer auf den Pott. Ich sage ihnen: Sexualität ist ein natürliches Bedürfnis, das dürft ihr euren Männern nicht verweigern. Es gibt eben auch so was wie Alltagssex. Die schnelle Nummer zwischendurch, einfach um ihm eine Freude zu machen. Man muss sich doch selbst nicht immer so wichtig nehmen."

Klar, zum Alltagssex gehört hin und wieder auch der Sonntagssex. Ein romantischer Abend zu zweit oder ein entspanntes Wochenende kosten allerdings gründliche Planung, z. B. keine Termine annehmen und die Kinder zur Oma bringen. Alltagssex und Sonntagssex in einem ausgewogenen Verhältnis, das tut einer Beziehung gut.

Alltagssex und Sonntagssex in einem ausgewogenen Verhältnis, das tut einer Beziehung gut.

Junge Mädchen in all diesen Fragen zu begleiten, ihnen Hilfestellung und Orientierung zu geben, ist eine weit größere Herausforderung, als mit ihnen zum Frauenarzt zu gehen und die Pille verschreiben zu lassen.

Es gibt eine schöne Szene in dem Musical „Anatevka“, in der der Milchmann Tevje seine Frau Golde nach 25 Jahren Ehe fragt, ob sie ihn liebt. Die ziert sich ein bisschen und meint, nach 25 Jahren solle er so einen Quatsch nicht mehr fragen. Doch Tevje bleibt hartnäckig und erinnert Golde an ihre erste Begegnung. Das war zu ihrer Hochzeit: *Tevje singt: „Wir sahen uns zur Hochzeit das allererste Mal. Ich war scheu ... Golde antwortet: Und ich auch! Tevje: ... Ich war ängstlich ... Golde: Und ich auch. Tevje: Unsre Mütter, unsre Väter, sagten: Liebe kommt erst später! Sag, liebst du mich denn, Golde? Ist es Liebe?“* Liebe wirkt in diesem Dialog so zerbrechlich und unbeholfen, aber auch so schön. Nicht die sexuelle Perfektion macht die Liebe aus, sondern Zuneigung und Verbundenheit.

Geheime Sehnsüchte

„Mama, du liest Shades of Grey?“ Schockiert entdeckte meine Tochter das Buch bei mir. Klar, Eltern haben keinen Sex in der Vorstellung ihrer Kinder. Und sie lesen auch keine Sexbücher.

Das Buch war im Jahr 2012/2013 ein Bestseller: Über 100 Millionen verkaufte Exemplare, Übersetzung in 52 Sprachen, und der Start des Films brach alle Rekorde. Im Frühjahr 2017 lief die Fortsetzung in den Kinos. Nachdem auch mehrere meiner Freundinnen das Opus verschlungen und für gut befunden hatten, wollte ich wissen: Was fasziniert die Leserinnen? Welche Sehnsucht steckt dahinter?

Der Inhalt ist schnell erzählt: Die naive Studentin Ana verliebt sich in den steinreichen Christian Grey, der sie mit teuren Klamotten überhäuft, ihr jeden Wunsch von den Augen abliest und mit ihr im Hubschrauber zu seiner Luxuswohnung fliegt. Nur leider hat er ein düsteres Geheimnis, verursacht durch eine schwere Kindheit: Seine Vorliebe für harten Sado-Maso-Sex, für Peitschen und das Fesseln mit Kabelbindern. Solche Sexszenen werden gefühlt alle 20 Seiten detailliert beschrieben. Es braucht drei Bände, bis Christian durch Anas Liebe von seiner Sado-Maso-Macke „geheilt" ist und die beiden bei Schwangerschaft und Heirat ankommen.

So weit, so schlicht. Ende gut, alles gut. Märchen, angerührt mit Sex. In der Tat verbindet Shades of Grey zwei Märchenmotive. Beide sind frauen-affin. Zum einen: Aschenputtel wird vom Prinzen erwählt. Welche Frau hat nicht schon von einem starken Mann geträumt, der sie anbetet und ihre tiefsten Wünsche erfüllt, ohne dass sie ein Wort sagen muss? Kaum ist der PC kaputt, steht schon ein nagelneuer Laptop da, und das marode Auto wird schwuppdiwupp durch einen roten Audi A3 ersetzt. Kleinmädchenträume werden wahr.

Leider funktionieren verdeckt therapeutische Paarbeziehungen so gut wie nie.

Das zweite Motiv ist das Gegenteil dieser kindlich-regressiven Fantasien: Der Kuss eines Mädchens erlöst den hässlichen Froschkönig und führt ihn seiner wahren Bestimmung zu. Auch das hoffen viele Frauen: Dass ihre Liebe den Partner heilt und erlöst. Von seiner Alkoholabhängigkeit, seinen Launen oder Depressionen. Dass darunter ein wahres, heiles Ich zum Vorschein kommt, und sie waren es, die es herausgeliebt haben.

In der Froschkönig-Erzählung ist die Frau also sehr mächtig. Ihre Liebe bewirkt die Verwandlung. Leider funktionieren solche verdeckt therapeutischen Paarbeziehungen im wirklichen Leben so gut wie nie. Keine Frau sollte ihrer Tochter raten, sich auf einen psychisch labilen Mann einzulassen in der Hoffnung, ihn zu heilen.

Marktforschungsstudien, die für den Film durchgeführt wurden, wollen herausgefunden haben: Es seien nicht die Sex-Szenen, die Frauen in dem Buch am meisten faszinierten, sondern diese Märchen-Sehnsüchte. Ob das stimmt, sei dahingestellt. Welche Frau würde denn bei einer Befragung offen zugeben, dass es sie reizt, quasi durchs Schlüsselloch zu gucken und anderen bei abgefahrenen Sex-Praktiken zuzusehen? Eine Freundin schrieb mir: „Vielleicht hilft das Buch, dass Frauen besseren Sex mit ihren Männern haben." Hoffen wir mal, dass sie recht hat und dass nicht eher Frauen hier in der Fantasie nachholen, was im Alltag zu kurz kommt.

Wohin nun aber mit der Sehnsucht, erlöst zu werden wie Aschenputtel oder einen anderen zu erlösen wie den Froschkönig? Man muss Shades of Grey nicht lesen oder im Kino ansehen, aber wenn man es denn tut, dann sollten Mütter die Gelegenheit nutzen, mit ihren Töchtern darüber zu reden, was fehlgeleitete Sehnsüchte sind und wie Paarbeziehungen im Alltag wirklich funktionieren.

Sex mit 14? – Eigene Werte entwickeln

„Soll ich unserer 14-jährigen Tochter erlauben, dass ihr Freund bei ihr im Zimmer übernachtet?“, fragt mich meine Kollegin Anna. „Ich möchte das eigentlich nicht. Ich finde, es ist zu früh. Aber ich habe Angst, dass sie mich für total verklemmt und spießig hält, wenn ich ihr das sage. Was meinst du dazu?“

Eigentlich hat Anna sich ja schon entschieden: Sex mit 14 findet sie zu früh. Und das aus guten Gründen. Sexualität ist ja nicht einfach wie Sport, den man mal ausprobiert. Sie ist kostbar, verbindet zwei Menschen auf eine tiefe Weise. In der Erzählung „Der kleine Prinz“ von Antoine de Saint-Exupéry heißt es: „Du bist zeitlebens für das verantwortlich, was du dir vertraut gemacht hast“[27]. Kann man diese Verantwortung mit 14 übernehmen? Wenn man noch im Haus der Eltern lebt, zur Schule geht und in der Pubertät steckt? Nein, kann man nicht. Das empfindet auch Anna so. Aber sie steht unter Zugzwang. Denn mit ihrer Meinung stellt sie sich gegen den gesellschaftlichen Trend, dem ja auch ihre Tochter ausgesetzt ist.

Sexualität ist nicht einfach wie Sport. Sie ist kostbar, verbindet zwei Menschen auf eine tiefe Weise.

Bedürfnisse befriedigen, Wünsche so schnell wie möglich erfüllen, das ist heute angesagt, und Mütter gelten als „gute“ und moderne Mütter, wenn sie da mitspielen. Verantwortung beschränkt sich mehr oder weniger darauf, mit der Tochter zum Frauenarzt zu gehen und für Verhütung zu sorgen. Als ob es das Normalste der Welt wäre, dass kerngesunde junge Mädchen jeden Tag die Pille einwerfen. Wer da nicht mit-

27 Saint-Exupéry 1978, S. 556.

spielt, gilt als hoffnungslos altmodisch und als Moralapostel. Anna fragt sich: Wie soll ich meine Bedenken unserer Tochter vermitteln, ohne dass sie uns als Spießer abstempelt?

Aber was wäre denn daran so schlimm? Jugendliche entwickeln ihre Werte ja gerade an Grenzen. Töchter wollen ihre Mütter auch mal „blöd“ und „von vorgestern“ finden, sie wollen in dieser Zeit anders sein als die Mütter. Wie peinlich, wenn die sich in allem anpassen! Und wenn man, statt auf Widerstand und klare Positionen zu stoßen, nur in Watte greift. Manchmal spüren die Mädchen auch ganz genau: Mutter will nur modern sein, das ist gar nicht echt.

Töchter wollen nicht, dass ihre Mütter sich in allem anpassen; Jugendliche entwickeln ihre Werte an Grenzen.

Als ich 14 war, hatte ich oft heftigste Auseinandersetzungen mit meiner Mutter. Ich reizte sie bis zum Äußersten und vertrat oft genau das Gegenteil von dem, was sie sagte. Meine Mutter war CDU-Landtagsabgeordnete, ich war natürlich für die SPD – ihr gegenüber. Doch dann, bei meinen Freundinnen und in der Schule, verteidigte ich auf einmal die Position meiner Mutter, oft mit ihren Argumenten. Mit solchen Diskussionen trainieren Jugendliche ihre Gewissensbildung.

Darum sollte Anna ihrer Tochter gegenüber ruhig ihren Standpunkt vertreten. Auch wenn sie dagegen anrennt und sich dann anders entscheidet, heimlich, auf Partys, bei Fahrten. Was Anna sagt, wird ihrer Tochter trotzdem zu denken geben. „Nur Mut zum Spießigsein!“, habe ich zu Anna gesagt.

Ein paar Tage später bekam ich eine Mail von ihr: „Was unsere Tochter betrifft, hat mein Gespräch mit dir den positiven

Effekt gehabt, dass ich ihr doch deutlich meine Meinung gesagt habe (ohne Angst vor Spießer-Abstemplung). Die soll sie wissen. Was sie mit wem in der Schule, auf Festen und Feten tut, kann ich nicht steuern."

Birthes Mutter hat kein Problem, ihre Meinung deutlich zu äußern. Sie ist Mitglied in einer Pfingstkirche und hat ihren Töchtern beigebracht: Sex gehört ausschließlich in die Ehe und einen ungläubigen Partner zu heiraten ist gegen Gottes Willen.

Birthe ist 22 Jahre alt und steht in einem Konflikt. Sie ist frisch verliebt und sie genießt den Sex mit ihrem Freund. Aber sie hat ein schlechtes Gewissen. Denn ihre Mutter ist tief unglücklich über ihr Verhalten und ist überzeugt, Birthe liefe in ihr Verderben. Hinzu kommt: Birthe glaubt an Gott, ihr Freund aber nicht. Nun ist sie hin- und hergerissen und fragt sie sich, was sie tun soll. Hat ihre Mutter überkommene Moralvorstellungen, von denen sie sich lösen muss, oder ist da was dran? Wie können Mutter und Tochter darüber ins Gespräch kommen, ohne dass sich die Fronten verhärten?

Wie gerne würde man Birthe sagen: Gib dich unbeschwert diesem irren Gefühl hin und freu dich des Lebens. Stattdessen holen ihre Gewissensbisse sie von den Wolken, in denen sie schwebt, unsanft auf die Erde. Sie erinnern sie daran, dass Sex mit Verantwortung verbunden ist. Man kann eben nicht einfach miteinander schlafen, wenn einem danach ist. Man muss sich um Verhütung kümmern – oder sich darauf einstellen, dass ein Kind entsteht. Aber Sex hat auch seelische Folgen. Das liegt daran, dass dabei das Bindungshormon Oxytocin ausgeschüttet wird. Mit wem man schläft, dem fühlt man sich tief verbunden. „Ein Fleisch werden“, sagt die Bibel dazu, oder: „mit Leib und Seele eins werden.“

Darum sollte man sich gut überlegen, mit wem man ins Bett geht. Dieses kostbare Erlebnis sollte man nur mit jemandem teilen, mit dem man sich eine Zukunft vorstellen kann. Ob Birthes Mutter über diesen Gedanken mit ihrer Tochter reden kann? Birthes Freund ist kein Christ, ihr hingegen ist der Glaube wichtig. Wie wird das in der Zukunft funktionieren? Nicht jedes Paar kommt auf die Dauer mit so verschiedenen Einstellungen klar. Denn die Konflikte entstehen ja an praktischen Fragen: Sie will sonntags in die Kirche, er will lieber gemütlich mit der Familie frühstücken. Sie will, dass die Kinder Weihnachten beim Krippenspiel mitmachen, er will nicht, dass die Jungs für die Proben ihr Fußballtraining ausfallen lassen. Der Alltag zehrt oft viele gute Vorsätze in puncto Toleranz auf. Wichtig wäre, dass es genug andere Schnittmengen gibt, wo Birthe und ihr Freund Interessen teilen, wo sie beide an einem Strang ziehen. Dass sie Zeiten miteinander verbringen, wo sie spüren: Ja, wir beide, wir gehören zusammen. Wir sind einfach ein unschlagbares Team. Und in so einem Rahmen ist Sex das i-Tüpfelchen auf einer großen Liebe.

Wer ist die Schönste? Konflikte erkennen und benennen

Wenn die Mutter eifersüchtig ist

Wie viel Eifersucht passt in eine Mutter-Tochter Beziehung?, fragte vor einiger Zeit die Zeitschrift „Brigitte Woman“ in einem Artikel. Ein bisschen Eifersucht kann eine Beziehung beleben, zu viel macht sie kaputt.

Das Märchen von Schneewittchen behandelt genau dieses Thema:

„Frau Königin, Ihr seid die Schönste hier,
aber Schneewittchen ist tausendmal schöner als Ihr.“
Da erschrak die Königin und ward gelb und grün vor Neid. Von Stund an, wenn sie Schneewittchen erblickte, kehrte sich ihr das Herz im Leibe herum, so hasste sie das Mädchen. Und der Neid und Hochmut wuchsen wie ein Unkraut in ihrem Herzen immer höher, dass sie Tag und Nacht keine Ruhe mehr hatte.[28]

---

28 Grimm 2014, S. 101–102.

In der bekannten Fassung von 1857 ist die Königin zwar die böse Stiefmutter, aber in der Originalfassung von 1812 ist es noch die eigene Mutter. Die Mutter wird oft idealisiert, besonders in der Literatur und in Sprichworten: „Der Himmel ist zu den Füßen der Mutter", sagen die Iraner. „Mütterliche Güte – ein uferloses Meer, unendliche Tiefe", meinen die Russen.[29] Aber die Mutter ist kein vollkommener Mensch. Sie zu idealisieren hilft weder ihr noch der Tochter. Jede Mutter hat neben den guten Charaktereigenschaften auch dunkle, narzisstische Anteile.

Bewundert die Tochter in jungen Jahren oft die Mutter und sieht in ihr ein Vorbild, so wandelt sich das meist in der Pubertät. Aber auch die Mutter gerät durch die aufblühende Tochter in eine Selbstwertkrise. Sie zweifelt an der eigenen Attraktivität. Manchmal streuen junge Mädchen auch noch erbarmungslos Salz in die Wunde, wie die 15-jährige Tochter einer Freundin: „Deine Brüste hängen und du hast einen Schwabbelbauch, lauf bloß nicht im Bikini rum, das wär echt oberpeinlich!"

Durch den Spiegel an der Wand versucht die Mutter sich zu vergewissern, dass sie noch schön und begehrenswert ist.

Aber gehen wir noch einmal an den Anfang des Märchens. Diese Szene ist voller Einsamkeit und Schwermut:

Es war einmal mitten im Winter, und die Schneeflocken fielen wie Federn vom Himmel herab, da saß eine Königin an einem Fenster, das einen Rahmen von schwarzem Ebenholz hatte und nähte. Und wie sie so nähte und nach dem Schnee aufblickte, stach sie sich mit der Nadel in den Finger, und es fielen drei Tropfen

---

29 Jung 2013, S. 7.

Blut in den Schnee. Und weil das Rote im weißen Schnee so schön aussah, dachte sie bei sich: „Hätt' ich ein Kind so weiß wie Schnee, so rot wie Blut, und so schwarz wie das Holz an dem Rahmen."[30]

Die Königin ist einsam. Wo ist der Mann? „Hat er sich, wie viele Männer, in die Arbeit geflüchtet? Offenbar wenig beziehungs- und liebesfähig, kann er seine Frau nicht halten oder liebevoll widerspiegeln. In diesem pompösen Haus, dem Schloss, herrscht Wohlstand, aber Gefühlskälte."[31]

Das Fenster ist schwarz umrandet wie eine Todesanzeige. Das Leben zieht draußen vorbei. Was kann jetzt wieder Freude bringen? Ein Kind. Wenn schon der Partner keine Zuneigung schenken kann, dann muss es das Kind tun. Ein Kind als Liebesersatz. Es soll für die Mutter da sein und ihrem geknickten Ego aufhelfen. Statt sich mit ihrem Mann auseinanderzusetzen, sucht sie Zuflucht beim Kind. Das soll sie dann bewundern und umsorgen. „So wird Kindern häufig bereits vor ihrer Geburt eine fordernde Aufgabe auf den kleinen Rücken geladen"[32], meint der Psychotherapeut und Philosoph Mathias Jung.

Aber die Mutter-Tochter-Beziehung ändert sich schlagartig, als das Schneewittchen-Mädchen zur jungen Frau wird.

Nun war das arme Kind in dem großen Wald mutterselig allein und ward ihm so angst, dass es alle Blätter an den Bäumen ansah, und nicht wusste, wie es sich helfen sollte. Da fing es an zu laufen

30 Grimm 2014, S. 99–100.
31 Jung 2013, S. 53.
32 Ebd., S. 54.

und lief über die spitzen Steine und durch die Dornen, und die wilden Tiere sprangen an ihm vorbei, aber sie taten ihm nichts … Da sah es ein kleines Häuschen und ging hinein, sich zu ruhen. In dem Häuschen war alles klein, aber so zierlich und reinlich, dass es nicht zu sagen ist. Da stand ein weiß gedecktes Tischlein mit sieben kleinen Tellern, jedes Tellerlein mit seinem Löffelein, ferner sieben Messerlein und Gäbelein und sieben Becherlein. An der Wand waren sieben Bettlein nebeneinander aufgestellt und schneeweiße Laken darüber gedeckt … Hernach, weil es so müde war, legte es sich in ein Bettchen, aber keins passte; das eine war zu lang, das andere zu kurz, bis endlich das siebente recht war; und darin blieb es liegen, befahl sich Gott und schlief ein.[33]

Schneewittchen muss ihren eigenen Weg finden und der führt zunächst in die Einsamkeit, begleitet von der Angst vor dem Neuen. „Mutterselig allein" über spitze Steine und Dornen, umringt von unbekannten Tieren, muss sie durch den Wald laufen. Schließlich kehrt sie in ein fremdes Haus ein, erstmals fernab vom Elternhaus. Was ihr geblieben ist, ist das Gottvertrauen. Hat sie es bei den Eltern kennengelernt?

Bei den sieben Zwergen lernt Schneewittchen, ihre Angst zu überwinden, denn sie ist ja den ganzen Tag alleine und die Zwerge sind gut und freundlich zu ihr. Die junge Frau macht die Erfahrung, dass Liebe und Erfüllung auch fern der Mutter zu finden sind. Sie versorgt den Haushalt der Zwerge.

---

33 Grimm 2014, S. 103.

Den ganzen Tag über war das Mädchen allein; da warnten es die guten Zwerglein und sprachen: „Hüte dich vor deiner Stiefmutter, die wird bald wissen, dass du hier bist; lass ja niemand herein!"[34]

Anerkennung und Wertschätzung durch die Mutter hilft der Tochter, ihren Weg als Frau selbstbewusst zu gehen. Die Mutter hingegen muss ihr eigenes Älterwerden akzeptieren und als Chance zu neuen Möglichkeiten sehen.

Die Zwerge warnen Schneewittchen vor dem Rückfall in die mütterliche Abhängigkeit. Die Mutter-Tochter-Beziehung muss jetzt auf eine andere Ebene wechseln, in eine gleichberechtigte Freundschaft.

„Was die Schneewittchen-Tochter in dieser Situation ihrer Frauwerdung bräuchte, wäre der Glanz im Auge der Mutter, um die eigene Weiblichkeit zu akzeptieren."[35] Anerkennung und Wertschätzung durch die Mutter ist eine wichtige Ressource, die der Tochter hilft, ihren Weg als Frau selbstbewusst zu gehen.

Die Mutter hingegen muss sich mit dem Neid auf die Jugend und Schönheit auseinandersetzen, ihr eigenes Älterwerden akzeptieren und als Chance zu neuen Möglichkeiten sehen.

Der Schneewittchen-Mutter gelingt dieser Entwicklungsschritt nicht. Sie zeigt, wie Mütter in ihrem eigenen Spiegelbild gefangen bleiben.

Ein Paradebeispiel dafür ist Marlene Dietrich. Bis in ihr hohes Alter war sie der Star, bewundert, hofiert, bedient. Um sie

34 Ebd.
35 Jung 2013, S. 70.

drehte sich alles, ihre Angestellten, ihr Ehemann, ihre Liebhaberinnen und Liebhaber, ihre Filmpartner und Bewunderer. Sie war extrem narzisstisch und gleichzeitig vollkommen distanzlos. Ihre Tochter Maria wurde früh in ihre Rolle als schmückendes Accessoire und eifriges Dienstmädchen eingewiesen und identifizierte sich damit. Später wurde Maria eine intime Vertraute ihrer Mutter. Sie bekam u. a. Marlenes gesamte Post zugeschickt, einschließlich der Briefe ihrer Liebhaber. Maria schaffte es als Erwachsene, sich ein eigenes Leben aufzubauen mit Beruf, Ehemann, Kindern. Aber bis zu Marlenes Tod blieb ihre Tochter doch in Liebe und Wut eng mit ihr verbunden. Später hat Maria ein 895 Seiten dickes Buch geschrieben mit dem Titel: „Meine Mutter Marlene“[36]. Denn wie soll eine Frau klarkommen mit der Wucht einer solchen Berühmtheit, Übermacht und Dominanz? Sie kann dem ja nicht entkommen. Mit dem Buch hat Maria eine Methode gefunden, tief einzutauchen in die Beziehung zur Mutter und gleichzeitig Distanz zu gewinnen, die eigene Geschichte sozusagen von außen zu betrachten und für sich einzuordnen.

Die Tür nicht durch Kritik verschließen

Gisela hat ein Problem: „Meine Tochter hat vor Kurzem ein Kind bekommen. Sie will so schnell wie möglich wieder in ihren Beruf. Sie sagt, sie kann nicht so lange aussetzen, das schade ihrer Karriere. Und halbtags will sie auch nicht arbeiten, denn dann bekäme sie ihre Führungsposition nicht zu-

36 Riva 2000.

rück. Die Kleine soll bald acht Stunden am Tag in die Kita. Ich finde, das ist für mein Enkelkind nicht gut. Eine Mutter gehört doch zu ihrem Kind. Aber meine Tochter sagt, ich mache ihr ein schlechtes Gewissen. Dabei will ich doch nur das Beste für mein Enkelkind. Aber ich will auch keinen Streit mit meiner Tochter. Ich fühle mich total in der Zwickmühle, was soll ich bloß machen?“

Ja, psychologisch gesehen hat Gisela recht: Ein Kleinkind braucht in den ersten zwei bis drei Jahren eine feste Bezugsperson, an die es sich sicher binden kann. Dadurch wird es seelisch stabil. Diese Bezugsperson kann auch der Vater sein, eine liebevolle Betreuerin in der Kita oder die Oma. Da gibt es verschiedene Modelle, die funktionieren.

Unsere heutigen Kleinfamilien entstanden erst Ende des 19. Jahrhunderts im Zuge der Industrialisierung. Viele Menschen zogen damals vom Land in die Stadt. Zuvor lebten und arbeiteten sie unter einem Dach. Vater und Mutter, Großeltern, Tanten und Onkel; jeder wurde gebraucht. Die Kinder liefen nebenher mit. So ähnlich war es wahrscheinlich auch schon bei Jesus, der mit seinen Geschwistern im Zimmermannsbetrieb von Joseph und Maria aufwuchs.

Wenn es den Müttern gut geht, geht es auch den Kindern gut.

Heute arbeiten die Menschen in der Regel nicht da, wo sie wohnen, und deshalb muss die Familie anders organisiert werden. Klar, es ist wunderbar, wenn Mütter in den ersten Jahren bei ihren Kindern bleiben. Aber vielen Frauen fällt nach einiger Zeit die Decke auf den Kopf. Sie sehnen sich nach ihrem Beruf, ihren Kollegen. Schließlich bringt Arbeit auch Anerkennung.

Familientherapeuten sind überzeugt: Wenn es den Müttern gut geht, geht es auch den Kindern gut. Das klingt vielleicht auf den ersten Blick egoistisch, aber es ist einleuchtend. Denn eine unzufriedene Mutter verbreitet bestimmt keine gute Stimmung, in der ein Kind fröhlich groß wird.

Ich denke, Giselas Enkeltochter kann auch behütet aufwachsen, wenn ihre Mutter arbeiten geht. Und vielleicht kann Gisela mit zu diesem Glück beitragen, indem sie ihre Tochter unterstützt. Denn Kinder werden oft krank und können dann nicht in die Kita oder die Erzieherinnen streiken und die Kita wird geschlossen – es wird viele Notsituationen geben, wo Giselas Tochter Hilfe von ihrer Mutter gebrauchen könnte. Gisela sollte die Tür zu ihrer Tochter deshalb nicht durch Kritik an ihrem Lebensmodell verschließen. Klar, es ist nicht leicht, Kritik für sich zu behalten, wenn man überzeugt ist, recht zu haben. Aber Gisela täte gut daran, denn ihre Hilfe wäre ein Gewinn für beide Seiten: Gisela selbst wird reicher, wenn sie ihr Enkelkind begleitet. Und für Mutter und Kind ist eine warmherzige und geduldige Großmutter ein Segen.

Ich verachte meine Mutter

Gabis Mann hat eine Geliebte und lebt das ganz offen. Mal ist er bei Gabi und ihrer Tochter, mal bei seiner Freundin. Das geht schon über mehrere Jahre so. Gabis Freundinnen raten ihr, klare Verhältnisse zu schaffen und sich scheiden zu lassen. Das will Gabi aber nicht, denn dann hätte sie später Nachteile bei der Rente, sagt sie. Inzwischen hat ihr Mann mit der Freundin auch ein Kind. Gabis Tochter fährt manchmal mit dem Zug und besucht die Zweitfamilie ihres Vaters. Dann spielt sie mit der Kleinen und hin und wieder passt sie auf sie auf.

Im Alten Testament war es ja zeitweise üblich, dass ein Mann mehrere Frauen hatte: Stammvater Jakob beispielsweise hatte vier Frauen. Die Bibel macht allerdings auch keinen Hehl daraus, wie viel Leid daraus entstand. Jakobs Frauen waren überaus eifersüchtig aufeinander und machten sich gegenseitig das Leben schwer. Die schwierigen Familienverhältnisse wirkten sich auch sehr schädlich auf ihre zwölf Söhne aus. Die wurden zu einer brutalen Schlägertruppe ohne Rücksicht, da herrschten Mord und Totschlag.

Im Alten Testament war es zeitweise üblich, dass ein Mann mehrere Frauen hatte. Die Bibel macht allerdings auch keinen Hehl daraus, wie viel Leid daraus entstand.

Es hat also seinen guten Sinn, dass Jesus später ganz klar die Einehe favorisiert. Er beruft sich dabei auf einen Vers aus dem Schöpfungsbericht: „Darum verlässt ein Mann seine Eltern und verbindet sich so eng mit seiner Frau, dass die beiden eins sind mit Leib und Seele.“[37] Eins sein mit Leib und Seele kann man aber nicht mit einem geteilten Herzen.

Früher hatten viele Frauen keine Wahl. Sie waren darauf angewiesen, dass der Mann sie versorgt, und konnten nicht gehen. Aber heute? Es mag vielleicht für die Rente von Vorteil sein, bei dem Ehemann zu bleiben. Aber der Preis ist hoch.

37 Markus 10,7f, Hoffnung für alle.

Denn verkauft Gabi nicht ihre Selbstachtung? Wenn sie ihre Geschichte erzählt, klingt das ganz cool und rational. Es ist ja einerseits stark, so damit umgehen zu können. Aber andererseits, was tut sie sich und ihren Gefühlen an? Wo bleibt ihre Wut, ihre Eifersucht? Verrät sie nicht ihre Liebe und ihre Leidenschaft? Und was macht das mit ihrer Tochter? Jesus jedenfalls erlaubt die Scheidung wegen Ehebruchs. Damit Menschen in klaren Verhältnissen leben.

Töchter wollen Mütter, auf die sie stolz sein können.

Jahre später unterhielt ich mich mit Gabis Tochter, inzwischen eine erwachsene junge Frau. Ich werde dieses Gespräch nie vergessen und es hat mich erschüttert. Die Tochter sagte: „Ich verachte meine Mutter. Dass sie das die ganzen Jahre über geduldet hat, kann ich nicht verstehen. Ich nehme es ihr so übel, dass sie das hat mit sich machen lassen.“ Mich hat das sehr nachdenklich gemacht. Diese Mutter wird gehasst, nicht weil sie ihre Tochter schlecht behandelt hat, sondern weil sie sich selbst schlecht behandelt hat. Denn Töchter wollen Mütter, auf die sie stolz sein können.

Liebe braucht Grenzen

Wenn die Tochter einen Zaun zieht: Magersucht und Bulimie

Vor einiger Zeit bekam die Radiokirche des NDR die Frage einer verzweifelten Hörerin, die ich beantworten sollte:

„Unsere erwachsene Tochter ist seit fast 10 Jahren magersüchtig. Es gab darüber etliche Gespräche mit ihr. Nur leider hilft das nicht. Seit längerer Zeit blockt sie völlig ab, wenn wir das Thema berühren. Ich habe die Befürchtung, dass wir uns nun auch noch entfremden. Wir sind enorm besorgt. Wie sollen wir uns verhalten?“

Magersucht, ein häufiges Problem unter jungen Frauen. Darauf in zweieinhalb Minuten Radiosendung einzugehen, war jedoch eine echte Herausforderung. Hier meine Antwort:

Sie sorgen sich um Ihre Tochter. Zu Recht, denn Magersucht ist eine lebensbedrohliche Krankheit. Manche Menschen sterben daran.

Ihre Tochter ist jedoch nicht nur krank. Sie ist auch stark. Es gehört schon was dazu, konsequent mit sehr wenig Nahrung auszukommen. Sie ist auch mächtig. Sie schafft es, ihrer ganzen Familie Mahlzeiten und Feiern zu verleiden.

Junge Frauen, die sich entscheiden zu hungern, geben ihrer Familie eine widersprüchliche Botschaft. Zum einen: Ich entscheide selbst, was und wie viel bzw. wenig ich esse. Da lass ich mir von keinem reinreden. Zum anderen vermitteln sie aber genau das Gegenteil: Mir geht es schlecht, kümmert euch um mich. – Wie immer Eltern sich also verhalten, liegen sie falsch. Denn flehen sie die Tochter an zu essen, wird diese sauer und pocht auf ihre Selbstbestimmung. Lassen sie sie in Ruhe, heißt es: Ich bin euch wohl ganz egal. Ein nervenaufreibender Drahtseilakt, den Sie da bewältigt haben.

Seit einiger Zeit geht Ihre Tochter verstärkt auf die Seite der Selbstbestimmung. Sie ist erwachsen. Sie hat ihre Magersucht 10 Jahre überlebt. So lange hungert sie ohne zu verhungern. Wie hat sie das geschafft?

Und nun hat sie einen Zaun gezogen. Sie grenzt sich ab. Ihre elterliche Fürsorge stößt an diese Grenze. Das ist schwer für Sie. Ihre Familie ist geprägt von einem hohen Verantwortungsgefühl. Sie wollen doch nur helfen! Und so rennen Sie gegen den Zaun an, wollen ihn einreißen, sich weiter kümmern. Und was passiert? Der Zaun wird verstärkt.

Womöglich ist dieser Zaun jedoch ein Fortschritt. Ein Signal. Ihre Tochter sagt ihnen damit: Traut mir jetzt bitte zu, dass ich das schaffe, auf meine Weise. Alleine! Und ihr, liebe Eltern, ihr habt euch so lange um mich gekümmert, aber jetzt ist das wirklich mei-

ne Aufgabe. Darum packt bitte eure Sorgen weg. Wendet euch anderen Themen zu und genießt das Leben. Und das Essen.

Wer weiß: Eines Tages wird Ihre Tochter vielleicht eine Tür in den Zaun schneiden.

Essstörungen sind eine vorwiegend weibliche Reaktion auf seelische Probleme. Warum sie in erster Linie Mädchen und junge Frauen betreffen, ist letztlich noch nicht geklärt.

Bei der Magersucht kreisen alle Gedanken der Betroffenen um das eigene Idealgewicht, das viel zu tief angesetzt wird. Mit verbissener Energie wird alles getan, um dieses oft lebensgefährliche Untergewicht zu erreichen und zu halten. Zwanghaft werden Mini-Kalorien-Diäten eingehalten. Daneben kommt es häufig zu bewusst herbeigeführtem Erbrechen und verstärktem Ausscheiden mithilfe von Abführmitteln. Ab einem kritischen Untergewicht setzt regelmäßig die Monatsblutung aus. Aber das stört diese Mädchen nicht.

Am häufigsten erkranken Mädchen zwischen 15 und 19 Jahren. Etwa 5 bis 7 von 1000 jungen Mädchen sind davon betroffen.

Die Bulimie oder auch Ess-Brech-Sucht ist gekennzeichnet durch wiederholte Heißhungeranfälle, ständige Beschäftigung mit dem eigenen Körpergewicht und die Angst, zu dick zu werden. Diese Frauen haben meistens ein normales Gewicht, mitunter auch leichtes Übergewicht. Bei einer Essattacke werden vorwiegend kalorienreiche Nahrungsmittel, wie zum Beispiel mehrere ganze Tafeln Schokolade, unkontrolliert hinuntergeschlungen. Anschließend wird alles wieder erbrochen, damit man nicht zunimmt.

Auch diese Form der Essstörung betrifft nahezu ausschließlich Frauen. Die meisten sind 18 Jahre und älter. 2 von 100 jungen Frauen entwickeln eine Bulimie. Die Tendenz ist in den letzten Jahren ansteigend, jedenfalls in den westlichen Industriestaaten.

Im Unterschied zur Magersucht, die sich ohnehin nicht verbergen lässt, versuchen viele junge Frauen mit Bulimie ihre Störung geheim zu halten. Sie entwickeln Scham und Schuldgefühle. Selbst innerhalb der Familie soll keiner davon wissen. Frauen mit Magersucht hingegen machen kein Geheimnis aus ihren Diätplänen. Sie sind stolz darauf, dass sie sich dermaßen unter Kontrolle haben und es schaffen, Gewicht abzunehmen.

Beide jedoch haben ein gestörtes Bild von sich und ihrem Körper. Egal ob sie leicht übergewichtig, normgewichtig oder untergewichtig sind, meist gilt ihre zwanghafte Aufmerksamkeit den sogenannten Problemzonen wie Oberschenkeln und Hüften.

Frauen mit einer Bulimie wechseln ihre Beziehungen häufig oder brechen sie ab. Frauen, die an einer anorektischen Störung leiden, haben dagegen Schwierigkeiten, überhaupt eine Beziehung zu Männern aufzunehmen.

Essstörungen lösen im Familiensystem immer große Aufmerksamkeit und Unruhe aus, wenn sie denn erst einmal bekannt sind. Oft gehen besorgte Mütter, mitunter auch Väter, zusammen mit ihren anorexiekranken Töchtern zum Arzt und wollen das Problem möglichst schnell in den Griff bekommen. Die Töchter sitzen dann meist still dabei und reden wenig. Häufig findet man in diesen Familien eine sehr dominante, leistungsorientierte Erziehung. Die Mädchen haben den Wunsch nach Autonomie, können ihn aber nur über ihren Körper ausleben.

Das gestörte Essverhalten befremdet die Eltern umso mehr, als sie ihre Tochter vor der Erkrankung meist als fleißiges, unauffälliges und angepasstes Kind erlebt haben. Jetzt spüren sie umso bedrückender ihre eigene Hilflosigkeit und ohnmächtige Wut. „Iss doch endlich mal wieder normal", fordern sie ihre Tochter auf. Aber die will bloß ihre Ruhe haben und ist der Ermahnungen und Bevormundungen überdrüssig. Viele Eltern, insbesondere die Mütter, fragen sich: „Was haben wir nur falsch gemacht?" Sie fühlen sich schuldig und versuchen oft, durch übersteigerten Aktionismus etwas zu ändern. Sie denken, sie müssten die Verantwortung dafür übernehmen, dass die Tochter gesund wird, nach dem Motto: Unsere Tochter ist krank. Wir sind schuld. Jetzt müssen wir etwas tun, damit sie wieder gesund wird. Doch das bewirkt nur neue Verstrickungen in der Familie.

Schließlich führen viele verschiedene Faktoren zur Entstehung der Magersucht. Auch Ideale der Gesellschaft spielen dabei eine Rolle. Nicht zu unterschätzen ist der Einfluss der Medien. Das alles prägt das Körperbild der Peergroup, der Gruppe der gleichaltrigen Freundinnen. Bei denen will man ja schließlich dazugehören. Oder herausstechen und dafür bewundert werden, dass man die Dünnste ist.

Sicher kann die Suche nach eigenen Fehlern nützlich sein und bewirken, dass sich die Eltern der Tochter gegenüber anders verhalten. Denn alle Eltern machen Fehler. Deshalb sind sie noch lange keine schlechten Eltern.

Zerstörerisch jedoch wirken solche Schuldgefühle, wenn die Mütter alle Versäumnisse wiedergutmachen wollen, indem sie die Tochter verwöhnen und ihr keine Grenzen mehr setzen. Dann werden zwar Auseinandersetzungen vermieden und es wird nach außen Harmonie demonstriert, aber das Mädchen wird in seinen Autonomiebestrebungen behindert und ihr Weg in die Selbstständigkeit wird erschwert.

„In der Pubertät, wenn es um Ablösung und Auseinandersetzung geht, fällt es ihnen schwer, sich ‚abzunabeln' und von dieser ‚guten' Mutter zu lösen, die doch immer nur das Beste für sie gewollt hat. Diese Tatsache macht die Tochter wütend, weil sie spürt, dass sie dadurch kaum eine Chance hat, eigenständig zu werden. Aufgrund des harmonisierenden Klimas ist jedoch damit zu rechnen, dass diese Wut in der Beziehung zur Mutter nicht erlaubt und daher mit Schuldgefühlen verbunden ist. Die Magersucht oder Bulimie kann in einem solchen Fall die wortlose Botschaft der Tochter sein, sich abzugrenzen und ihren Ärger auszudrücken."[38]

Durch Magersucht oder Bulimie kann die Tochter sich wortlos abgrenzen und ihren Ärger ausdrücken.

Es ist ein gefährlicher Weg, wenn eine junge Frau die Sucht wählt, um ein Gefühl von Eigenständigkeit und Unabhängigkeit zu erleben. Nicht von ungefähr heißt das Krankheitsbild Mager*sucht* und Ess-Brech*sucht:* Das Essverhalten gerät außer Kontrolle. „Der Teufelskreis aus essen wollen, es sich verbieten, dann zügellos essen und wieder darben, um nicht zuzu-

38 Wardetzki 1996.

nehmen, ist leidvoll. Die Betroffenen fühlen sich ihrer Krankheit ausgeliefert, sie halten sich für abartig und nutzlos."[39]

Um von der Sucht loszukommen, müssen die Frauen zunächst mit ihrem Suchtverhalten und den daraus erwachsenden Konsequenzen konfrontiert werden. Ein Hauptanliegen der Therapie ist es, dass die Betroffenen selbst die Verantwortung dafür übernehmen, gesund zu werden. Etwa mit Fragen wie diesen: „Wann haben Sie entschieden, Ihre Meinung und Ihre Bedürfnisse lieber mithilfe der Bulimie herunterzuschlucken als sie offen zu äußern?" Oder: „Angenommen, Sie würden eines Tages entscheiden, das tägliche Brechen aufzugeben, was würden Sie dann anders machen und wem würde das als Erstes auffallen?" Diese Fragen legen nahe, dass die Betroffenen Einfluss auf ihr Handeln haben und nicht nur tatenlos zusehen müssen. Und sie „implizieren darüber hinaus aktive Entscheidungsprozesse, welche einer einseitigen Beschreibung in Opferrollen entgegenwirken"[40].

Essgestörte Frauen müssen allmählich wieder Zugang zu ihren Wünschen und Gefühlen bekommen, ohne von der Angst überwältigt zu werden, nicht mehr geliebt zu werden.

In einer Therapie lernen essgestörte Frauen, allmählich wieder Zugang zu ihren Wünschen und Gefühlen zu bekommen, ohne dass sie von der Angst überwältigt werden, nicht mehr von Mutter geliebt zu werden. Sie üben Nein zu sagen, wenn sie nein meinen, und sich abzugrenzen, wenn sie etwas zum Kotzen finden. Die Mutter muss lernen, mit dieser offeneren Kommunikation und teilweise auch Konfrontation umzuge-

39 Wardetzki 1995.
40 Gröne 1997, S. 151.

hen und sie auszuhalten. Das ist für beide Seiten ein Lernprozess. So übernehmen die Töchter schrittweise Fürsorge und Verantwortung für sich, können wieder liebevoller mit sich selbst umgehen und sich auch mit ihren Schwächen akzeptieren. In dem Maße, wie es ihnen gelingt, Kraft und weibliche Identität zu finden, wird ihre suchtartige Essstörung überflüssig.

Das Bild von Egon Schiele zeigt die ambivalente Beziehung zwischen Mutter und Tochter, die bei vielen essgestörten jungen Frauen besteht. Zwar halten die beiden Frauen sich eng umschlungen, aber es ist keine Wärme in der Umarmung. Es ist eher eine verzweifelte Anklammerung. Die Mutter legt ihre Arme nicht um die Tochter, sie hüllt sie nicht schützend ein, die Tochter bleibt nackt und frierend.

Die Figuren sind kantig, eckig, unerotisch. Sie schweben in einem Nichtraum, scheinen alleine auf sich angewiesen, ohne Beziehung nach außen: Das Bild zeigt keine Kulisse, keine anderen Menschen, nicht einmal Gegenstände. Die beiden Frauen haben niemanden sonst als sich, aber in dieser Nähe liegt kein Trost.

Maria, ein junges Mädchen, wirkt verschlossen und ein wenig traurig. Ihr Äußeres ist gepflegt und modisch. „Seit Monaten kann ich nicht mehr richtig schlafen. Ich werde nachts wach, stehe auf und gehe in die Küche. Alle anderen Familienmitglieder schlafen tief und fest. Ich kniee mich vor unseren Kühlschrank und beginne wahllos alles in mich hineinzufressen, was ich finde. Kurze Zeit später wird mir so übel, dass ich alles wieder ausbreche. Im Bett quäle ich mich dann mit Selbstvorwürfen und verachte mich.“ Auf Nachfrage gibt Maria

Abbildung 1: Egon Schiele, Mutter und Tochter, 1913.

zu, dass sie sich nach dieser nächtlichen Aktion immer auch ein wenig entlastet fühle. „Ich habe das Gefühl, dass ich Dampf abgelassen habe." Tagsüber isst sie wenig, weil sie Angst hat, Gewicht zuzunehmen. Ihr Freund habe mal eine Bemerkung gemacht, dass sie ruhig ein wenig schlanker sein könne. Maria lebt im Haushalt ihrer Mutter, die von ihrem Vater geschieden ist. Im Haushalt leben noch der jüngere Bruder und der neue Lebensgefährte der Mutter.

Nur eine Freundin Marias weiß von ihrem Problem. Aus der Familie ahnt keiner etwas von dem nächtlichen Drama. Zwar habe Mutter sich gewundert, warum im Kühlschrank oft etwas fehle. Aber Maria achtet darauf, fehlende Sachen rasch wieder aufzufüllen. Das muss sie heimlich tun. Neulich sprach ihre Kollegin am Arbeitsplatz sie an: „Maria, du siehst so blass aus. Was ist mit dir los? Bekommst du nicht genug Schlaf?" Irgendwie gelang es ihr, sich dieser etwas älteren Kollegin anzuvertrauen. Nun wissen schon zwei Menschen von ihrem Problem.

Die Kollegin empfahl ihr, doch mal einen Termin beim Psychotherapeuten zu vereinbaren, was Maria nach längerem Zögern dann auch tat.

Ich schaue in ihr hübsch geschminktes trauriges Gesicht. Was geht hinter dieser Maske vor? Was fühlt sie wirklich? Sie gibt mir das Empfinden, nicht wirklich an sie heranzukommen.

„Angenommen, Mutter würde erfahren, dass Sie diese Probleme mit dem Essen haben, was wäre dann anders?", frage ich sie. „Oh, Mutter darf das auf keinen Fall erfahren. Die hat so viele eigene Sorgen. Wenn die das rauskriegt, würde es ihr ganz schlecht gehen. Das möchte ich nicht. Sie soll mich ganz in Ruhe lassen. Ich muss das alleine schaffen."

In den folgenden Gesprächen erfahre ich, dass Maria keine angenehme Kindheit hatte. Es gab viel Streit zwischen den Eltern. Vater war oft betrunken. Dann habe sie immer große Angst gehabt und sich mit ihrem jüngeren Bruder in ihr Zimmer eingeschlossen. Als sie sieben Jahre alt war, eskalierte der Streit zwischen den Eltern so, dass die Mutter von heute auf morgen in einer Nacht-und-Nebel-Aktion mit ihren Kindern auszog und sich in einer anderen Stadt eine eigene Wohnung und einen Arbeitsplatz suchte. Da Mutter nun den ganzen Tag arbeiten ging, wurde Maria mit dem Bruder oft zu Verwandten oder Bekannten geschickt. Häufig musste sie aber auch alleine auf ihren jüngeren Bruder aufpassen. Sie kann wenig von einer unbeschwerten Kindheit berichten.

Einmal vor Jahren habe Mutter verzweifelt auf dem Sofa gesessen und vor ihr habe eine leere Schachtel Schlaftabletten gelegen. Sie habe Mutter an der Einnahme weiterer Schlaftabletten gehindert, sie versorgt und zwei Tage neben ihr gewacht, bis es ihr wieder besser ging. Nach diesem Suizidversuch habe sie immer Angst gehabt, dass Mutter etwas Schlimmes passieren könnte. Nein, Mutter könne sie auf keinen Fall von ihrem Problem erzählen.

Könnte es sein, dass Maria in ihrer Essstörung Druck ablässt, Wut rauslässt, die eigentlich Mutter abkriegen müsste? Wie wütend muss das Kind damals auf seine Eltern gewesen sein, nachdem sie zunächst den Vater verlor und dann auch noch die Mutter zu gehen drohte! Doch diese Gefühle konnte sie nicht äußern aus Angst, dass Mutter sie dann wirklich verlassen würde.

Maria hat früh gelernt, ihre eigenen Gefühle zurückzunehmen, um andere in der Familie zu schonen. Lieber bekommt sie selbst die ganze Wucht ihrer Frustration und Aggression ab, als dass es Mutter treffen könnte.

Die Ess-Brech-Sucht ist ein Weg, diesem Ärger Luft zu machen. Es ist allerdings nur ein zweitbester Weg, eine suboptimale Lösung des Problems.

Maria versucht, in der Therapie eine bessere Lösung für sich zu finden. Sie lernt, nicht alles in sich hineinzufressen, sondern ihre Gefühle wahrzunehmen und zuzulassen und sie da auszudrücken, wo sie hingehören.

Sei Königin in deinem Reich

Unsere Freundin Britta erzählt: „Ich bin im Gespräch mit Klaus, meinem geistlichen Begleiter. Mein Thema heute ist aktuell, brisant. Meine erwachsene Tochter wohnt wieder bei mir. Nun gibt es ständig Diskussionen: Wer putzt wann und wie das Bad? Die Wäsche – wer kümmert sich darum? Einkäufe: Wer kauft was? Das geht ja noch. Aber das Wohnzimmer! Ich finde mich nicht mehr zurecht, finde nichts mehr wieder, weil sie alles zumüllt. Aber ich will nicht Zeitungen und Bücher suchen, die ich abgelegt habe. Den Fernseher belegt sie mit Beschlag. Ich will mein Wohnzimmer dekorieren, wie es mir gefällt, ich will mein Fernsehprogramm anschalten, wie es mir passt. Das habe ich ihr gesagt. Darauf meine Tochter: ‚Du bist ja wie eine Königin, die hier herrscht.'"

Britta beklagt sich bei Klaus: „Das muss ich mir nicht sagen lassen, oder?" Sie hofft, dass ihr Seelsorger ihr beipflichtet. Aber er tut es nicht. Ein kurzes Zögern. Und dann sagt er knapp: „Sie hat recht. Du bist Königin in deinem Reich." Britta ist befremdet: „Wie soll ich denn das verstehen?" Klaus sagt: „Jede Frau ist Königin in ihrem Reich – sie weiß um ihrer Würde, sie kennt ihre Grenzen. Sie übernimmt Verantwortung, sie sorgt für Ordnung. Ja, du bist Königin in deinem Reich. Du hast einen Lebensraum, einen Wohnraum, der dir gehört und den du gestalten und schützen willst." Und Britta begreift: Es geht nicht um Krümel auf dem Esstisch oder herumliegende Zeitschriften, es geht um ihr Reich, das respektiert werden soll.

Jede Frau ist Königin in ihrem Reich – sie weiß um ihrer Würde, sie kennt ihre Grenzen.

„Und deine Tochter?", fragt Klaus. „Sieht sie sich immer noch als Prinzessin? Das kann leicht passieren, wenn man wieder bei der Mutter einzieht. Man schlüpft in die alte Rolle, will verwöhnt werden wie früher und fühlt sich doch nicht richtig wohl dabei. Man spürt, die Rolle der Prinzessin passt nicht mehr zu einer erwachsenen Frau. Fängt sie an, dir den Thron streitig zu machen? Das führt zu kräftezehrenden Auseinandersetzungen. Jesus hat mal gesagt: Wenn ein Reich mit sich selbst uneins wird, wird es verwüstet. Also: Prinzessin passt nicht mehr, aber zwei Königinnen in demselben Reich geht auch nicht gut. Für deine Tochter ist es dran, selbst Königin in ihrem eigenen Reich zu werden. Das ist der Weg der erwachsen werdenden Frau. Und das bedeutet: Auch räumlich klar getrennt. Vielleicht gibt es derzeit nur die Lösung, dass sie bei dir wohnt. Aber auch da könnte sie vielleicht ihren eigenen Bereich bekommen."

„So hatte ich es noch nie gesehen“, sagt Britta. „Königin sein – nicht schlecht. Das hebt gleich mein Selbstbewusstsein, fühlt sich gut an. Ich habe einen Lebens- und Wohnraum, der mir gehört und den ich gestalten, schützen, achten will. Und das ist okay so. Meine Haltung und mein Blick beginnen sich zu wandeln. Ich verteidige nicht die Deko oder den Fernseher, sondern mein Königreich.“

Britta redet mit ihrer Tochter. „Ja, ich bin tatsächlich Königin in meinem Reich. Danke für dieses tolle Bild! Und wo ist dein Reich? Wie soll es aussehen? Wie wirst du dein Leben weiter gestalten?“ Mutter und Tochter führen ein Gespräch, von Königin zu Königin.

Mutter als Spaßverderberin?

Immer wieder gibt es Streit zwischen Kerstin und ihrer 15-jährigen Tochter Angelina, wann sie abends nach Partys zu Hause sein sollte. Kerstin findet, 23.30 Uhr ist das Späteste, was sie erlauben kann, aber Angelina ist darüber stinkwütend und sagt: „Dann brauche ich gar nicht erst loszugehen. Du bist eine Spaßverderberin!“ Alle anderen dürfen angeblich bis 1 oder 2 Uhr bleiben. Kerstin fragt: Bin ich altmodisch, wenn ich Regeln aufstelle und sie durchhalte?

An diese Diskussionen kann ich mich selbst nur allzu gut erinnern. Das lief bei uns ganz ähnlich ab. Wir waren aus der Sicht unserer Kinder natürlich auch die einzigen Eltern weit und breit, die derart konservativ waren. Da gab es Unverständnis, Wut und Tränen. Eines Tages jedoch kam unsere jüngste Tochter Nora sehr nachdenklich von der Schule nach Hause. Sie hatte sich bei ihrer Freundin über ihre megaspießigen engstirnigen Eltern beklagt. Die Freundin hatte aber gar nicht ins gleiche Horn getutet. Sie hatte gesagt: „Deinen Eltern liegt wenigstens was an dir. Die achten darauf, wann du nach Hause kommst. Ich kann nachts wegbleiben, so lange ich will. Das interessiert gar keinen. Meinen Eltern ist es egal. Sie sind nur mit sich selbst beschäftigt. Hört sich ja für dich vielleicht erst mal super an, aber weißt du, mir gibt es das Gefühl, dass ich ihnen nicht wichtig bin."

Nora war richtig erschüttert und es gab ihr sehr zu denken. Die bisher verhassten Grenzen standen auf einmal in einem anderen Licht. Grenzen setzen bedeutete nun: Mir liegt was an dir. „Alles erlauben" ist keine Liebe. Das steht übrigens schon in der Bibel: „Wer sein Kind liebt, der erzieht es von klein auf mit Strenge"[41], wird da ganz nüchtern festgestellt.

Heranwachsende brauchen Grenzen und Regeln, die mit zunehmendem Alter immer neu ausgehandelt werden müssen.

Nein, Kerstin ist nicht altmodisch. Altmodisch ist die sogenannte antiautoritäre Erziehung, die kaum Regeln vorgab. Die ist heute völlig überholt. Moderne Hirnforscher und Pädagogen sind sich einig: Heranwachsende brauchen Grenzen und Regeln, um sich sicher und geborgen zu fühlen. Sie sind wie die Wände für ein Haus, geben dem Haus Struktur und Halt.

---

41 Sprüche 13,24, Hoffnung für alle.

Je älter die Kinder werden, desto mehr müssen Grenzen natürlich immer neu ausgehandelt werden. Dabei sollten weder Kerstin noch ihre Tochter Angelina mit dem Kopf durch die Wand wollen. Das gibt nur Beulen. Besser wäre es, nach einer Tür zu suchen, durch die beide gehen können, ohne ihr Gesicht zu verlieren.

Kontakt erzwingen?

Elke leidet darunter, dass sie seit einiger Zeit keinen Kontakt mehr zu ihrer Tochter hat. „Bis vor einiger Zeit war unsere Beziehung so eng! Aber seit sie einen Freund hat, beantwortet sie keine Mails und SMS mehr und kommt nicht vorbei. Ich spreche auf den AB, sie ruft nicht zurück. Dass sie den Job gewechselt hat, habe ich von meinem Sohn erfahren. Ich habe keine Ahnung, warum sie sich so verhält. Sie kann mich als Mutter doch nicht so behandeln!" Elke ist verletzt und wütend und überlegt, ob sie einfach mal hinfährt und ihrer Tochter die Meinung sagt. Sie kann sich nicht vorstellen, was hinter dem Verhalten ihrer Tochter steckt.

Eine junge Frau sagte mir neulich: „Ich hab immer das Gefühl, meine Mutter will was von mir oder ich mache was falsch. Irgendwie macht sie mir ständig ein schlechtes Gewissen. Mein Vater ist viel entspannter." Solche Sätze tun weh. Diese Mutter hatte sich viel mehr um ihre Tochter gekümmert als der Vater. Und das soll jetzt die Quittung sein? Na, danke auch.

Aber eigentlich ist es logisch. Denn je enger eine Verbindung ist, desto mehr schmerzt es, sie zu lösen.

Um es mit einem Beispiel zu sagen: Im Frühjahr säen manche Hobbygärtner Tomaten in Töpfen aus, um sie vorzuziehen. Wenn die Samen dann austreiben, muss man die jungen Pflanzen vereinzeln und die zarten Wurzeln vorsichtig voneinander lösen. Dabei reißen Teile ab und manchmal muss man die Wurzel insgesamt kappen. Danach brauchen die Pflanzen Abstand, um sich gut zu entfalten.

Elkes Tochter ist offenbar dabei, ihre Wurzeln zu kappen. Wie sehr das nötig ist, wird jungen Frauen manchmal erst bewusst, wenn sie ausgezogen sind und am neuen Ort auch neue Freundschaften schließen oder wenn sie einen Partner haben. Die Mütter denken dann: Die Freundinnen oder der Partner sind schuld, dass meine Tochter auf einmal dichtmacht. Aber das stimmt meistens so nicht. Denn oft merken die Mädels selbst: „Ich muss mich mehr loseisen“ – und schießen dabei gelegentlich übers Ziel hinaus. Da hilft nur eins: Loslassen und nichts erzwingen. Denn es dauert, bis die neuen Wurzeln kräftig sind und die Pflanze fest in der Erde verankert ist. Und es bekommt ihr nicht, wenn man an ihr zieht.

Wenn Elke einfach hinfahren würde, wäre das wie solch ein Ziehen. Elke hat ihrer Tochter stattdessen einen Brief geschrieben. Darin sagt sie ihr, dass sie sich freuen würden, ab und zu von ihr zu hören, aber dass sie ihre Entscheidung respektiert, wenn sie Abstand braucht.

Möglicherweise muss ja auch Elke selbst noch ein paar von ihren Wurzeln kappen und sich neu im Boden verankern. Sich neue Ziele suchen. Ihre Tochter wird das spüren. Vielleicht sagt sie dann eines Tages: „Meine Mutter, die ist ganz entspannt."

Wenn Mütter alt und pflegebedürftig werden

Die 66-jährige Iris pflegt seit einiger Zeit ihre jetzt 91-jährige Mutter. Sie hat Parkinson und fortschreitende Demenz. Sie kann kaum laufen und klettert häufig aus dem Bett. Dann fällt sie hin und Iris hat Probleme, sie allein aufzuheben. Die Mutter schläft oft am Tag, in der Nacht will sie spazieren gehen. In manchen Nächten ist sie so unruhig, dass Iris sie aus lauter Verzweiflung einschließt, damit sie nicht die Treppe herunterfällt. Dabei fühlt Iris sich jedoch schrecklich. Sie hat schlimme Rückenschmerzen und ist nur noch ein Nervenbündel. Aber sie meint, sie sei es Mutter schuldig, sie zu pflegen. Dabei betreibt sie Raubbau mit ihren Kräften. Ein dementer Mensch braucht ja wirklich rund um die Uhr Pflege. Iris muss tagsüber präsent sein und fährt zusätzlich noch ständig Nachtschichten, sonntags wie werktags. Es ist eine Frage der Zeit, bis sie umkippt und nicht mehr kann. Und damit wäre keinem geholfen, weder der Mutter noch ihr selbst.

Iris sollte nicht warten, bis sie zusammenbricht und dann auf einmal sehr plötzlich gehandelt werden muss. Sie sollte beizeiten nach Lösungen suchen, wie sie unterstützt werden kann.

Einen ähnlichen Fall kenne ich aus meiner früheren Gemeinde: Dort kümmerte sich eine Landwirtsfamilie um den alten Opa, der zunehmend dementer wurde. Er stellte den Topf auf die Herdplatte und vergaß sie auszustellen, er lief weg und fand nicht mehr zurück. Tagsüber musste die Familie aufs Feld und konnte nicht auf ihn aufpassen. In ihrer Not schlossen sie den Opa in seinem Zimmer ein. Wenn ich an dem Haus vorbeikam, guckte er oben aus dem Fenster. Als ich die Familie darauf ansprach, stieß ich auf eine Art Tabu: „Man lässt seine pflegebedürftigen Verwandten nicht von Fremden betreuen." Das hatte ein ganz schlechtes Image.

Diese Vorstellung stammt allerdings aus einer Zeit, in der Menschen erstens nicht so alt wurden wie heute und damit auch seltener dement wurden. Und zweitens lebte man mehr in Großfamilien zusammen, die Pflege der Alten wurde also auf viele Schultern verteilt.

In keiner Generation vor uns dauerte die Mutter-Tochter-Beziehung im Durchschnitt so lange wie heute. Weil Menschen heute älter werden als früher, hat sich die gemeinsame Lebenszeit von Kindern und Eltern deutlich verlängert. Und Frauen werden im Durchschnitt ca. fünf Jahre älter als Männer. Darum dauert oft auch die Mutter-Tochter-Beziehung länger als die mit dem Vater.

In keiner Generation vor uns dauerte die Mutter-Tochter-Beziehung im Durchschnitt so lange wie heute.

Hatten um 1900 nur 20 % der Fünfzigjährigen einen überlebenden Elternteil, so haben heute 80 % aller Fünfzigjährigen noch eine lebende Mutter oder einen Vater. Und ein Drittel aller

Personen zwischen 40 und 55 Jahren hat heute mindestens einen hilfs- oder pflegebedürftigen Elternteil, der noch lebt.[42]

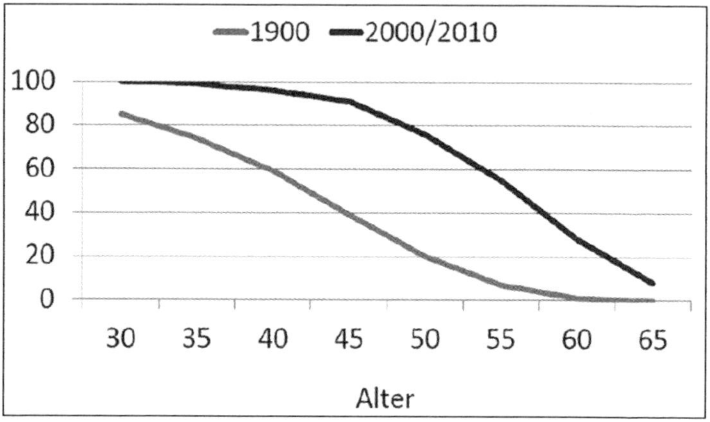

Erwachsene Kinder mit mindestens einem überlebenden Elternteil. Quelle: Höpflinger, 2012, S. 3[43]

Hinzu kommt, dass durch die geringe Geburtenzahl die verwandtschaftlichen Beziehungen dünner geworden sind. Früher gab es mehr Tanten und Onkel, die bei der Pflege älterer Familienmitglieder zur Seite standen, also eine breite horizontale Verwandtschaft. Heute hat sich dies in eine vertikale Verwandtschaft gewandelt: Weniger Geschwister und damit auch weniger Onkel, Tanten und Neffen, dafür längere Zeit mit der Kleinfamilie. Aus der 3-Generationen-Gesellschaft ist heute eher eine 4-Generationen-Gesellschaft geworden. Urenkel zu haben ist keine Seltenheit mehr.

Beziehungen zwischen den Generationen bleiben länger

42 Bisig-Theiler 2013, S. 7–8.
43 Zit. nach ebd., S. 7.

erhalten. Da viele Frauen ihre Kinder heute erst nach dem 30. Lebensjahr bekommen, kommt es häufig vor, dass eine Frau Mutter von noch minderjährigen Kindern ist und gleichzeitig Tochter von pflegebedürftigen Eltern. Auch Großmütter passen inzwischen häufig auf ihre kleinen Enkel auf und kümmern sich gleichzeitig noch um ihre 90-jährige Mutter.

Allein diese demografischen Veränderungen sind eine enorme Herausforderung für die Mutter-Tochter-Beziehung, die zu heftigen Konflikten führen kann. Das zeigt das folgende Beispiel von Sabine.

Zerrissen zwischen eigener Familie und Mutter

Die 40-jährige Sabine holt tief Luft, bevor sie anfängt zu erzählen. „Vergangenes Jahr ist meine Mutter gestorben. Ich habe sie ein halbes Jahr lang begleitet. Zuletzt war sie in einem Pflegeheim. Sie lebte in Frankfurt. Im letzten halben Jahr bin ich häufig die 250 km dorthin gefahren und einige Tage bei ihr geblieben. Ich habe sie auch im Sterben begleitet. Und nun stehe ich vor dem Scherbenhaufen meiner eigenen Familie."

Sabine ist verheiratet und hat zwei Töchter im Alter von neun und fünfzehn Jahren. Daneben arbeitet sie noch als Journalistin bei einer großen Zeitung. Sie liebt ihren Beruf. In der Zeit, als sie ihre Mutter in Frankfurt betreute, habe sie sich wenig um ihre Familie kümmern können. Schließlich sei es doch die Pflicht der Tochter, sich um die alte Mutter zu kümmern, habe sie sich gesagt. Als Mutter dann zuletzt im Hospiz wohnte, hatte sie sich einen ganzen Monat frei genommen, um bei ihr zu sein. Die Kinder hätten es anfangs hingenommen. Dann aber gab es oft Gemeckere, wenn sie sich wieder alleine versorgen mussten. Ihr Ehemann äußerte zunächst Verständnis. Als sich die Zeit hinzog, fühlte er sich jedoch zunehmend vernachlässigt, denn er fand kein Gehör mehr für seine Probleme bei der Arbeit und mit den beiden Töchtern allein zu Hause. Mehrmals habe er seine Frau gebeten, wenigstens das Wochenende zu Hause zu verbringen. Aber Sabine fühlte sich ihrer Mutter verpflichtet, zumal ihre jüngere Schwester in Zürich lebte und nur selten bei der Mutter aufkreuzte.

Schon immer habe sie als älteste Tochter die Verantwortung für die Familie übernommen, auch damals, als ihr Vater schwer erkrankt war und Mutter in Depressionen versank, da habe sie den Haushalt geschmissen. Oft fühlte sie sich zerrissen und zwischen allen Stühlen. Für alle ist sie da, wo bleibt sie selbst? Die andern fordern, sie springt.

Als Kind wuchs Sabine in einer eher unterkühlten Atmosphäre auf. Der Vater war Informatiker. Die Mutter pflegte ihre vielen Krankheiten. Zwischen Mutter und Vater gab es eine Art Hassliebe. Vater sei abwertend und emotional kalt gewesen, Mutter habe immer nur über ihn geschimpft.

Schon früh musste Sabine sich um ihre neun Jahre jüngere Schwester kümmern und erlebte sich als „Ersatz-Mama“. Sie habe sie an der Schule angemeldet und abends ins Bett gebracht. Mütterliche Aufgaben eben. In der Pubertät musste sie die kleine Schwester aufklären. Die Eltern interessierte das nicht.

Als die Schwester älter wurde, brauchte sie ihre Hilfe immer weniger. Nun wandte sich Sabine ihrer Mutter zu. Es gab viele Gründe, sich Sorgen um sie zu machen. Denn es ging der Mutter oft schlecht und ihre Krankheiten nahmen zu. Oft hatte sich Sabine gewünscht, dass die Mutter sich mal um sie kümmern würde. Aber dazu kam es nicht. Einmal träumte sie, dass sie Mutter trug. Schweißgebadet wachte sie auf.

Auch als sie eigene Kinder hatte, ließen ihre intensiven Sorgen um Mutter nicht nach. Ihre Kinder nahmen es resigniert hin. Der Ehemann zog sich mit der Zeit mehr und mehr vorwurfsvoll zurück.

Was macht es mit Mann und Kindern, wenn die Ehefrau und Mutter sich in durchaus guter Absicht vorwiegend um ihre eigene Mutter kümmert?

Sabine merkte nicht, wie sehr ihre eigene Familie unter der Situation litt.

Eines Tages fauchte ihre ältere Tochter Madeleine sie an, sie sei schuld, wenn die Familie auseinanderbreche. Leonie, die Jüngere, hat seit Kurzem Schulprobleme. Sie klagt immer wieder über Bauchschmerzen und äußert lebensmüde Gedanken. Als die Eltern schließlich von Trennung sprechen, fühlt Leonie sich schuldig und glaubt, dass sie die Ursache ist.

Leonie ist emotional auf der Strecke geblieben. Sie hatte versucht, die sehnsüchtig von der Mutter erwartete Zuwendung beim Vater zu bekommen. Der aber war mit sich selbst beschäftigt und kaum in der Lage, das emotionale Defizit zu füllen. Als der Vater sich trennen will, erlebt Leonie das als Bestrafung. Sie wird depressiv und will nicht weiterleben. Denn nun ist sie ja von beiden Eltern alleingelassen worden.

Madeleine dagegen geht offen auf Konfrontation. Sie wirft

der Mutter vor: Du bist daran schuld, dass unsere Familie zerbricht.

Sabine merkt, dass sie etwas ändern muss. Wo liegen ihre Prioritäten?

Familiendynamisch gibt es eine Rangfolge in der Fürsorge. Die Mutter ist in erster Linie für ihre Kinder da und nicht umgekehrt. Wenn Sabine als Mutter angemessen für ihre Kinder gesorgt hätte, hätte sie die Chance gehabt, dass ihre Kinder sie in der Fürsorge um die Oma unterstützt hätten. Das Gleiche gilt für Sabine als Ehefrau. Auch die Ehe hat Vorrang vor der Herkunftsfamilie. Eine stabile Beziehung zum Mann mit klaren Prioritäten hätte ihr dann auch Kraft und Rückendeckung gegeben, sich um ihre Mutter zu kümmern. Wenn diese Rangfolge verschoben ist, geht das zulasten der eigenen Familie.

Die Mutter ist in erster Linie für ihre Kinder da und nicht umgekehrt. Auch die Ehe hat Vorrang vor der Herkunftsfamilie.

Als Sabine diese Zusammenhänge klar werden, ändert sie ihre Haltung. Bewusst überlegt sie, was sie mit ihren Töchtern zusammen unternehmen könnte. Die Wochenenden werden jetzt gemeinsam geplant.

Von den Trennungsgedanken ihres Mannes lässt sie sich nicht einschüchtern, sondern geht in die Offensive. Beide überlegen, was in letzter Zeit auf der Strecke geblieben ist und wo sie anknüpfen könnten, damit aus ihrer Ehe wieder eine Liebesbeziehung wird. Einmal in der Woche besuchen sie nun einen Tanzkurs und gehen anschließend ohne die Kinder essen. Ein unbeschwerter zweckfreier Abend zu zweit mit Spaß und guten Gesprächen – sie spüren, wie sie das einander wieder näher bringt.

Die Töchter haben jetzt den Eindruck: Mutter und Vater sind sehr wohl in der Lage, ihre Probleme selbst zu lösen. Sie müssen sich da nicht einmischen oder verantwortlich fühlen. Von Trennung war in letzter Zeit nicht mehr die Rede. Vielmehr plant die Familie eine gemeinsame Fahrradtour an der Ostsee für den Sommer.

Da gehöre ich hin

Auch Petra fühlt sich hin- und hergerissen zwischen der Fürsorge für die alten Eltern und ihrer eigenen Familie mit drei kleinen Kindern. Sobald die Eltern ein Problem haben, fährt sie hin, 40 km pro Strecke. Vater muss zum Arzt – Petra fährt ihn. Mutter ist gefallen und hat den Fuß in einer Schiene – Petra macht den Haushalt. Die Eltern haben Streit mit Petras jüngerem Bruder – Petra vermittelt und glättet die Wogen. Zu Hause ruft die Lehrerin ihrer jüngsten Tochter an, sie müsse unbedingt zum Elternsprechtag kommen, das Kind habe Probleme in Mathe. Der Mann beschwert sich, dass sie immer gestresst und angespannt sei. Häufig gibt es Streit. Nebenbei hat sie auch noch ihren Beruf in der Kanzlei eines Rechtsanwalts. Irgendwann erleidet Petra einen Burn-out und kommt zur Psychotherapie. Ihr ist klar, dass es so nicht weitergehen kann.

Sie stellt ihre Familie mit Holzklötzchen auf dem Familienbrett auf. Dabei merkt sie, dass sie wirklich zwischen allen

Stühlen steht, zwischen Eltern, Beruf und eigener Familie. Für alles fühlt sie sich zuständig. Das lässt sie zerrissen und kraftlos werden. Wir überlegen, wo ein guter Platz für sie ist. Nach langem Nachdenken rückt sie ihre Figur von den Eltern weg und an ihren Ehemann und die Kinder heran. Dabei fühlt sie sich richtig gut. Ein paar Wochen später sagt sie: „Ja, genau da gehöre ich hin. Meinen Eltern habe ich gesagt, dass ich nicht mehr so häufig komme und nur noch bestimmte Aufgaben übernehmen kann. Ich habe ihnen Tipps gegeben, wie sie auch Hilfe vor Ort bekommen können. Ob sie das in Anspruch nehmen, muss ich ihnen jetzt selbst überlassen. Und meinem Bruder habe ich gesagt, dass er seine Probleme mit meinen Eltern selbst lösen muss und mich da raushalten soll." Dieser Schritt hat Petra sehr entlastet. Auch in ihrer Familie ist die Situation entspannter. Neulich sagte ihre jüngste Tochter zu ihr: „Mama, du bist echt eine tolle Frau."

Wie eine Mutter und ihre Tochter heil werden

Antoine de Saint-Exupéry hat einmal gesagt: „Nichts, was einem selbst geschieht, ist unerträglich."[44] Menschen können sehr viel ertragen, wenn es sie selbst betrifft. Viel schlimmer ist es oft, mit ansehen zu müssen, wie ein anderer, den man liebt, leidet oder sogar sich ins Unglück stürzt.

Die Frau verstand ihre Tochter nicht mehr. Ihre Geschichte steht im Markusevangelium (7,24–30). Die selbstzerstöreri-

44 Saint-Exupéry 1978, S. 295.

sche Handlungsweise ihres Kindes konnte sie beim besten Willen nicht nachvollziehen. All ihr Reden nützte nichts, das Kind war wie vernagelt. Wenn man sie nach ihren Motiven fragte, machte sie einfach zu. Es war nicht an sie ranzukommen. Das waren keine normalen Pubertätsschwierigkeiten einer 16-Jährigen, das war krank. Die Mutter konnte es einfach nicht mehr mit ansehen, wie ihre Tochter sich nach und nach zugrunde richtete und ihr Leben und ihre Zukunft demontierte. Es war, als wäre sie von einer fremden Macht getrieben, wie von bösen Geistern besessen. Natürlich weigerte sie sich, zu einem Arzt oder Therapeuten zu gehen, und rastete regelrecht aus, wenn man dies Thema ansprach. Die Mutter war verzweifelt. Die Kommunikation zwischen ihr und ihrer Tochter funktionierte überhaupt nicht mehr, das Mädchen ließ sich nicht das Geringste sagen, und alles, was sie tat, schien die Sache eher schlimmer zu machen. Sie selbst hatte niemanden, mit dem sie richtig darüber reden konnte, der ihre Sorgen und Verantwortung teilte. Der Ehemann und Vater des Mädchens hatte sich schon vor Jahren abgesetzt, zahlte nicht einmal regelmäßig Unterhalt. Und die Großeltern wollten von Problemen nichts hören, sie erwarteten, dass sie alles managte und im Griff hatte. Aber das hatte sie schon lange nicht mehr. Dabei hatte sie immer alles für dieses Kind getan, gerade weil sie beide allein waren und weil sie meinte, ihr den fehlenden Vater auch noch mit ersetzen zu müssen. Die Verantwortung wog doppelt schwer für sie, sie hatte es sich wirklich nicht leicht gemacht. Und nun dies. Zu der Sorge um die Tochter kam noch das niederschmetternde Gefühl, als Mutter eine absolute Versagerin zu sein. Ihre Männerbeziehungen kriegte sie nicht geregelt und nun ging auch noch mit dem Kind alles schief!

In dieser Situation erzählte der Frau jemand von Jesus. Jesus tat viele Wunder und war schon ziemlich berühmt, er hatte Jünger berufen, Gleichnisse erzählt, einen Sturm gestillt, Menschen geheilt, und das alles hatte sich schnell herumgesprochen und er war sehr gefragt. Aber er konnte und wollte nicht pausenlos für andere da sein, es gab Zeiten, wo er sich zurückzog, zusammen mit seinen Jüngern oder ganz allein zum Gebet. Das war auch gerade jetzt der Fall, als die Frau Kontakt zu ihm aufnehmen wollte. Die Frau respektiert seinen Wunsch nach Ruhe und Alleinsein nicht. Sie bittet ihn um Hilfe. Das ist aus ihrer Sicht verständlich. Aber vielleicht ist es auch ein Hinweis darauf, was in ihrer Tochterbeziehung los ist: die Schwierigkeit zu warten und Grenzen zu akzeptieren.

Jesu Antwort an die Frau ist unerhört schroff und unerhört abgrenzend, er sagt zu ihr: „Zuerst müssen die Kinder satt werden. Es ist nicht recht, ihnen das Brot wegzunehmen und es den Hunden vorzuwerfen."[45] Ich konzentriere mich in meinem Wirken erst mal nur auf die Israeliten, sagt Jesus, sie sind die „Kinder", und ich will meine Kraft nicht für andere verschleudern („vor die Hunde werfen"). Du bist aus Samaria, für dich bin ich nicht zuständig. Wenn man ein Ziel erreichen will, muss man sich begrenzen; wer sich verzettelt und für alles zuständig fühlt, wird es nicht weit bringen. – Hält Jesus hier der Frau einen Spiegel vor? Selbst Jesus hat Grenzen, um wie viel mehr also sie. Auch ihre Verantwortung als Mutter hat ihre Grenzen, und zwar desto mehr, je älter die Tochter wird. Sie muss auch nicht die Verantwortung vom Vater mit übernehmen, sondern kann sie bei ihm belassen. Ob er sie

45 Markus 7,27, Gute Nachricht Bibel.

wahrnimmt oder nicht, ist seine Sache, es ist nicht an ihr, sich das noch zusätzlich aufzubürden.

Die Antwort der Frau ist genial und zeigt, dass sie etwas Wesentliches begriffen hat. Sie respektiert nämlich die von Jesus aufgerichtete Grenze – hier die Kinder, da die Hunde – und findet gerade darin die Lösung: Die Hunde bekommen doch immer die Krümel, die unter den Tisch fallen. Ein paar Krümel würden ihr ja schon genügen. Man fühlt sich an die Frau erinnert, die nur einen Zipfel vom Obergewand von Jesus anfasst und dadurch gesund wird. Ein Zipfel, ein Krümel von Jesus, das reicht ihr schon. Herr, sprich nur ein Wort, so wird meine Seele gesund! Mich beeindruckt diese Mischung aus Respekt und Respektlosigkeit, aus Akzeptieren und Frechheit, aus Widerspruch und Glauben. Wenn ich schon Hund bin, okay, ich gebe mich damit zufrieden. Aber dann gib mir wenigstens die Krümel. Selbst nur ein Krümel von Jesus ist mehr wert als eine fette Mahlzeit von anderen.

Jesus spürt: Diese Frau sehnt sich wirklich nach Veränderung. Hier ist seine Hilfe nicht verschwendet. Die will etwas, die hat etwas begriffen. Sie wird Konsequenzen aus dieser Begegnung ziehen, die auch sie selbst betreffen. Er sagt zu ihr: „Das war ein Wort! Geh nach Hause; der böse Geist ist aus deiner Tochter ausgefahren."[46] Das Wunder, das hier geschieht, vollzieht sich in der Beziehung zwischen Mutter und Tochter. „Es ist sehr gut möglich, dass diese Frau, mit einem solchen Wort im Ohr und mit einem solchen Gefühl im Herzen, vollkommen anders zu ihrer Tochter zurückging und schon deswegen auch ihre Tochter anders vorfand, als sie sie zurückgelassen hatte. Denn eine Frau *hat* eine andere Tochter,

46 Markus 7,29, Gute Nachricht Bibel.

je nachdem, inwieweit sie selbst Angst hat oder nicht", schreibt Eugen Drewermann in seiner tiefenpsychologischen Auslegung des Markusevangeliums.[47]

Gerade in der schroffen Abgrenzung von Jesus gegenüber der Frau lag also womöglich der zentrale Punkt. Auch ihr tut es gut, wenn sie sich in ihrer Verantwortung begrenzt und sich um ihre eigentliche Aufgabe kümmert, nämlich was sie selbst aus ihrem Leben machen will. Es ist gut, sich beizeiten damit auseinanderzusetzen. Denn von klein auf müssen Töchter lernen, schrittweise die Verantwortung für sich und ihre Handlungen selbst zu übernehmen und die Folgen zu tragen. Und bald brauchen sie nicht mehr die volle Dosis mütterlicher Aufmerksamkeit, sondern nur noch Krümel von freundlichem Interesse und Ermutigung.

Das muss auch Renate lernen. Sie hat eine schreckliche Entdeckung gemacht: Ihr Schwiegersohn geht fremd. Sie hat ihn bespitzelt, hat ihn darauf angesprochen und einen fürchterlichen Krach gehabt. Die Ehefrau, Renates Tochter, ist in einer Reha. Sie hatte einen Zusammenbruch und hat von dem Streit nichts mitbekommen. Eigentlich weiß sie von dem Seitensprung ihres Mannes, will ihn aber nicht wahrhaben. Renate ist verzweifelt und kann es kaum aushalten, was ihrer Tochter angetan wird. Sie fragt sich, ob sie ihr nicht reinen Wein einschenken sollte.

Aber die Verantwortung einer Mutter hat Grenzen. Renate muss sich begrenzen und ihrer Tochter zutrauen, dass sie selbst eine Lösung findet. Auch wenn die Ehe ihrer Tochter ihr Sorgen bereitet: Diese Beziehung ist nicht ihr Gebiet. Mütter

47 Drewermann 1989, S. 491.

haben an den Eheproblemen ihrer erwachsenen Kinder nicht herumzudoktern. Einmischen macht alles schlimmer, das Gespräch mit Renates Schwiegersohn hat es gezeigt.

Das Wichtigste, was Renate ihrer Tochter geben kann, ist, ihr den Rücken zu stärken: Du hast es jetzt schwer, aber du kommst da durch. Du schaffst es. Du bist stärker, als du im Moment fühlen kannst.

Wenn Mütter gut mit sich selbst umgehen, wenn sie klarkommen und gelassen in die Zukunft blicken, ist das die beste „Erziehung", die sie ihrem Kind angedeihen lassen können. Dann werden sie auch ihren Töchtern das Gefühl vermitteln: Du bist okay und du schaffst es. Der böse Geist ist ausgefahren: Ich traue dir zu, dass du die Verantwortung für dein Leben selbst übernehmen kannst und gut zurechtkommen wirst.

Wenn Mütter die Verantwortung für ihre Töchter an Jesus abgeben können, dann werden sie gelassener und sind entlastet.

Eine solche Haltung ist dann noch leichter zu vermitteln, wenn Mütter wie diese Frau in der Bibel Jesus um die Krümel von seinem Tisch bitten. Denn was da herunterfällt, ist Brot des Lebens, und wer davon auch nur einen Krümel erwischt, der gehört doch ganz dazu. Wenn Mütter die Verantwortung für ihre Töchter an Jesus abgeben können, dann werden sie gelassener und sind entlastet. Jesus nämlich hat ein unbedingtes Interesse daran, dass böse Geister ihre Macht verlieren und dass unser Leben gelingt, das von Müttern und das von Töchtern.

Frieden schließen

Wie eine Freundin

Viele Mütter wünschen sich, wie eine Freundin für ihre Tochter zu sein. Dies gelingt aber nur, wenn ein respektvolles Miteinander besteht und die Mutter sich nicht ungefragt in intime Bereiche der Tochter einmischt. Jede darf auch Geheimnisse haben.

Gute Freundinnen begegnen sich auf Augenhöhe. Die Mutter bleibt jedoch die Ältere, von deren Erfahrung und Wissen die Tochter profitieren kann. Die Tochter wiederum darf Mutter alles anvertrauen, muss es aber nicht.

Oft ist es ein langer Weg zu einem freundschaftlichen Miteinander. Wie in einem Labyrinth: Man entfernt sich mehr und mehr voneinander und da, wo man es gar nicht mehr erwartet, läuft der Weg plötzlich aufeinander zu.

Bettinas Eltern haben sich früh getrennt, als Bettina vier Jahre alt war. Bettina wächst bei ihrer Mutter auf und ist ein süßes, charmantes Mädchen. Alle Nachbarn lieben sie. Sie macht der gestressten alleinerziehenden Mutter wenig Sorgen und Probleme. Vielmehr ist sie die ganze Freude ihrer Mutter, wenn sie sich nach der Arbeit ganz um Bettina kümmern kann. Dann kommt Bettina in die Pubertät. Sie sieht attraktiv aus und zieht die Blicke der Jungs auf sich. Das bereitet der Mutter Unbehagen. Oft geraten Bettina und ihre Mutter nun aneinander und schreien sich nur noch an. Bettinas Mutter fühlt sich überfordert und sehnt sich danach, dass ein Dritter, der Vater von Bettina, mal ein Machtwort spricht und ihr als Mutter irgendwie den Rücken stärkt. Aber der lebt in einer anderen Stadt weit weg und hat eine eigene neue Familie. Der Kontakt ist nur sehr locker. Bettina mag die jüngeren Halbgeschwister nicht.

Eines Tages kommt Bettina, sie ist jetzt 18, mit ihrem Impfbuch in meine Praxis. Sie will ein halbes Jahr weg von Mutter auf die Kanaren und dort als Servicekraft in einem Restaurant arbeiten. Mit Mutter gerate sie doch immer aneinander. Die Stimmung zu Hause sei furchtbar.

Ein halbes Jahr später taucht Bettina wieder bei mir auf. Sie wirkt irgendwie fröhlicher und lockerer, reifer. Ja, die Erfahrungen in dem Restaurant auf den Kanaren waren schön und spannend. Aber jetzt ziehe sie wieder bei Mutter ein. Sie habe doch Sehnsucht nach zu Hause gehabt. Überhaupt komme sie mit Mutter nach diesem halben Jahr Distanz viel besser aus. Sie sei jetzt wie eine verständnisvolle Freundin. Manchmal habe Mutter ja auch recht und für ihre anstehende Ausbildung als

Mutter als Freundin – das gelingt am besten, wenn mal Abstand zwischen Mutter und Tochter war.

Kinderkrankenschwester brauche sie die Rückenstärkung der Mutter.

Mutter wie eine Freundin – das gelingt am ehesten, wenn mal Abstand zwischen Mutter und Tochter war und beide merken, dass sie auch ohne einander gut auskommen.

Die Northeimer Dichterin Annemarie Schnitt hat ihren drei Töchtern mit auf den Weg gegeben:

Den Töchtern:

Wenn ihr fortfliegt
durch die Welt
haltet sie fest
die wärmende
Erinnerung[48]

Verzeihen mit Vorsicht

Meine Mutter war nicht gut im Trösten. Na gut, vielleicht, als ich noch ganz klein war. In der Schulzeit jedoch: Kam ich mit einer Fünf in Mathe nach Hause, hieß es: Du hast nicht genug gelernt. Aber es lag nicht am Lernen, ich kapierte Mathe einfach nicht. Als Jugendliche hatte ich nachts Panikattacken. Meine Mutter behauptete steif und fest: Du glaubst und betest nicht genug. Das stimmte nicht, ich betete wie ver-

48 Schnitt, Die Straße der Gedichte.

rückt. Und auch später, wenn ich ihr ein Problem erzählte, mit unseren Kindern oder in der Gemeinde: Meist drehte sie es so, dass der Fehler bei mir lag und ich selbst daran schuld war. Irgendwann erzählte ich ihr einfach nichts mehr, denn es endete im Prinzip immer gleich: Ich hoffte auf Verständnis und kriegte stattdessen eins übergebraten. Wie sehr hab ich mir eine Mutter gewünscht, die mich einfach mal in den Arm nimmt. Mich mitfühlend anhört und mir einen heißen Kakao kocht.

Und doch bin ich lange Zeit immer wieder in die gleiche Falle getappt und habe mich meiner Mutter anvertraut. Vielleicht, weil ich insgeheim mit jedem neuen Versuch hoffte, dass sie sich diesmal anders verhält? Aber es funktionierte nicht. Und jedes Mal wurde es schwerer zu verzeihen. Denn es kamen ja immer neue Verletzungen hinzu.

Viele Frauen unterliegen einem folgenschweren Irrtum. Sie denken, Verzeihen bedeutet: Der andere sieht alles ein und dann sind wir wieder Freunde. Aber das stimmt nicht. Oft kann man nur verzeihen, wenn man Abstand einhält. Zum Verzeihen kann es gehören, dass man sich schützen muss. Also verzeihen ja, aber mit Vorsicht.

Zum Verzeihen kann es gehören, dass man sich schützen muss.

In der Bibel wird von König Saul erzählt. Er litt an Depressionen. Ein junger Mann namens David wird geholt, um Saul auf der Harfe vorzuspielen. Die Musik tut Saul gut. Aber er wittert in David auch den künftigen Konkurrenten um den Thron. Eines Tages wirft Saul seinen Speer nach David, will ihn töten.

David überlebt. Später hätte er seinerseits Gelegenheit Saul zu töten. Aber er verschont ihn, vergilt nicht Gleiches mit Gleichem. Er hängt an Saul und will ihm nicht schaden. Doch zugleich traut er ihm nicht mehr. Er hält Abstand, schützt sich.

Verzeihen ist wichtig für den eigenen Seelenfrieden. Die Mutter wird dadurch kein besserer Mensch. Viele Töchter müssen damit leben, dass ihre Mutter nichts einsieht und sich auch nicht mehr ändert. Sie müssen ihre Sehnsucht begraben, dass die Mutter irgendwann nachholt, was sie früher versäumt hat. Diskussionen reiben nur unnötig auf. Es ist besser, freundlich mit der Mutter umzugehen, aber auf Distanz. Und was die Probleme angeht – die erzählt frau lieber ihrer besten Freundin.

Und wenn sie es nicht einsieht?

Beate hat seit 20 Jahren keinen Kontakt mehr zu ihrer Mutter. Die Mutter hat die drei Brüder immer vorgezogen; Beate war nur das Dienstmädchen und hat sich abgerackert. Die Mutter ist sogar vor anderen Leuten über ihre Tochter hergezogen, wie blöd und unattraktiv sie sei. Nun hat Beate erfahren, dass ihre Mutter schwer krank im Pflegeheim liegt. Seitdem fragt sie sich, ob sie sie nicht doch mal besuchen soll.

Ja, Mütter können furchtbar sein und trotzdem kommen ihre Töchter nicht von ihnen los. Beate wurde von Mutter wie Aschenputtel behandelt. Und trotz aller Arbeit hat sie es nicht zur Prinzessin geschafft. Im Gegenteil, je mehr sie arbeitete, desto mehr trampelte Mutter auf ihr herum. Verständlich, dass sie sich als Erwachsene schützen wollte und den Kontakt abgebrochen hat.

Nun ist die Mutter schwach und krank. Und in Beate regt sich das Gewissen und fragt: Solltest du Mutter nicht besuchen?

Was wäre das Ziel eines solchen Besuchs? Dass Beate sich mit Mutter ausspricht und sie jetzt, sozusagen auf dem Sterbebett, alles einsieht? Wenn Beate mit dieser Erwartung hinginge, würde sie wahrscheinlich bitter enttäuscht.

Sie sollte sich ein realistischeres Ziel setzen: Ich will mit meiner Mutter Frieden schließen, egal was sie getan hat. Ich will vor ihrem Tod mit den bitteren Gefühlen, die ich über sie habe, abschließen, sie sollen mich nicht weiter belasten. Ich möchte mich in Mitgefühl und Würde von ihr verabschieden, auch wenn sie niemals einsieht, was sie mir angetan hat.

Klar, es ist ein Risiko. Schlimmstenfalls macht die Mutter dicht und sagt: Du hast dich jahrelang nicht gekümmert, jetzt brauchst du auch nicht mehr anzukommen. Dann sollte Beate diese Schuld bei ihrer Mutter belassen und sich sagen: Wenn sie kein versöhnliches Ende mit mir will, ist das allein ihr Problem. Ich habe alles getan, was ich konnte. – So viel an euch ist, haltet mit allen Menschen Frieden, heißt es in der Bibel. So viel an euch ist. Wenn der andere nicht mitzieht, können wir nichts machen.

Aber vielleicht kommt es auch ganz anders: Beate empfindet Mitgefühl für diese kranke Frau, es fällt ihr leicht, ihr das zu zeigen, und die Mutter kann es auch annehmen. Beates Last würde dann ein paar Kilo leichter. Und das wäre vielleicht einen Versuch wert.

Wie ich mit meiner Mutter Frieden schloss

Der Anruf erreichte uns Sonntagnachmittag in den hintersten Bergen Korsikas: „Ihre Mutter liegt im Sterben." Davor hatte es mir immer gegraut. Nicht weil ich prinzipiell Angst vor Sterbebegleitung habe. Sondern weil ich zeit meines Lebens ein sehr schwieriges Verhältnis zu meiner Mutter hatte. Als Jugendliche litt ich unter ihren unerbittlichen moralischen Forderungen: Keine langen offenen Haare, nicht mit einem Jungen allein ins Kino gehen. Diese Streitereien bei der Schneiderin über die Rocklänge! Ich war froh, als ich zum Theologiestudium weit weg gehen konnte, in der Heidelberger Studentenmission fröhliche Christen kennenlernte. Aber eine Frau als Pastorin, und dann noch mit Theologiestudium an einer normalen Uni, das ging für meine Mutter gar nicht. Sie setzte sich für „bibeltreue" Hochschulen ein. Kleine Kinder taufen, Jugendliche konfirmieren, in ihren Augen alles völlig „unbiblisch". Irgendwann trat sie aus der Kirche aus. Bis zum Ende hat sie mich als „Ungläubige" bezeichnet, auch in aller Öffentlichkeit. Geistlich fand ich nie einen Zugang zu ihr.

Darum, meine Mutter im Sterben begleiten? Unmöglich, nichts für mich – so hatte ich es vor drei Tagen noch Freunden auf Korsika gesagt. Aber jetzt wusste ich: Ich muss da hin, da gab es gar keine Wahl.

Zwei Stunden Rückfahrt nach Calvi, im Internet nach dem nächsten Flug geguckt. Unsere drei Kinder informiert. „Fahre morgen früh los, bin mittags da", schrieben erst Nora, dann Brita und Nils per SMS zurück. Mein Mann und ich schafften es nach 16-stündiger Odyssee über Bastia – Paris – Straßburg erst abends um 18 Uhr. Da waren unsere Kinder schon lange da, sangen mit der Großmutter Choräle und lasen ihr Psalmen vor. Nora hatte ihrer Schwester vorher eine SMS geschickt: „Bring dein Gesangbuch mit." Aber Brita hatte es längst eingepackt. Ich fragte sie: „Wie kamst du auf die Idee, es mitzunehmen?" – „Weißt du noch", sagte Brita, „vor einigen Jahren besuchten wir Tante Hanna, als sie im Sterben lag, und die ganze Fahrt über hast du uns das Lied ‚Befiehl du deine Wege' beigebracht, damit wir ihr das vorsingen können. Heute morgen hab ich gedacht, eh ich jetzt wieder auswendig singen muss, steck ich lieber das Gesangbuch ein." Die Oma war sehr schwach, aber klar orientiert und wach, versuchte teilweise mitzusingen. Was soll man sonst auch machen am Sterbebett? Das meiste, was man reden würde, erscheint einem jetzt als dummes Zeug. Wie gut, dass es Psalmen und Choräle gibt, in denen man sich bergen und auch selbst Trost finden kann. Dass man sich Worte und Melodien „leihen" kann und sich gemeinsam hineinstellen kann in einen größeren Zusammenhang.

Es war gut zu spüren: Mein Mann, meine Kinder stärken mir den Rücken, stehen das mit mir durch. Getragen wurden wir auch von den Gebeten der Freunde, die um unsere Situation wussten. Ich fühlte keinen Groll, nur Mitgefühl und Schmerz, war tief aufgewühlt. Konnte meine Mutter streicheln, mit ihr Psalm 121 beten, sie segnen: „Der Herr behüte deinen Ausgang und Eingang von nun an bis in Ewigkeit."[49]

---

49 Psalm 121,8, Luther 1984.

Sie wurde ganz ruhig, bedankte sich. „Ihr seid so lieb zu mir.“ Zusammen mit den Kindern sangen wir dann noch „Der Mond ist aufgegangen“, bis zur sechsten Strophe: „Wollst endlich sonder Grämen aus dieser Welt uns nehmen durch einen sanften Tod, und wenn du uns genommen, lass uns in’ Himmel kommen, du unser Herr und unser Gott.“ Dahin ist sie zwei Tage später gegangen.

Trotz aller Kränkungen war der Abschied von meiner Mutter in Frieden – das ist für mich ein Geschenk Gottes.

Tja, kommt man im Himmel eigentlich zur Einsicht? Und ist das denn zu wünschen? Ich weiß es nicht. Was aber mich betrifft, so bin ich tief dankbar und sehe es als Geschenk Gottes, dass trotz aller Kränkungen der Abschied von meiner Mutter so im Frieden war. Diese letzten versöhnlichen Bilder helfen mir, Verletzungen zu verzeihen und ihr einen angemessenen Platz in meiner Erinnerung zu geben.

„Eine Möhre weniger hätte es auch getan“

Brita und Nora Parasie über ihre Erziehung

Nora: Wir sollen etwas für das Mütter-Töchter-Buch schreiben.

Brita: Ach du Schreck! Also Storys über vergessene Adventskalender, verspätete Nikoläuse und weggenommene Lollis, die stattdessen an die Konfirmanden verschenkt wurden?

Nora: Hast du nichts Positiveres zu erzählen?

Brita: Warte, lass mich überlegen. Die schönen Urlaube jedes Jahr.

Nora: Du meinst die drei Jahre Borkum, als es nur geregnet hat? Das eine Jahr waren wir doch mit vielen Leuten in so einem Freizeitheim, das Essen war schrecklich und wir haben erst mal alle Magen-Darm-Grippe bekommen.

Brita: Stimmt, und einmal hatte ich beim Essen meine Zahnspange in die Serviette eingewickelt und beim Abräumen wurde sie aus Versehen mit in den Müll geworfen. Daraufhin musste ich den ganzen Müll komplett durchsuchen. War das eklig. – Aber die meisten Urlaube waren doch herrlich. Strandurlaube in Italien, Familienfreizeiten auf Korsika und die coole Reise nach Chile. Meistens gab es im Urlaub für jeden ein Urlaubsgeschenk. Oft z. B. ein Buch, das ich mir gewünscht hatte. Das hat mir den Urlaub gleich noch mehr versüßt. Nur unsere Erziehung war schon streng, oder?

Nora: Ja, Mama und Papa waren immer sehr konsequent. Als ich mal wieder nicht aufgeräumt hatte und keine Lust hatte, meinen Müll wegzubringen, hat Mama den Mülleimer einfach in meinem Zimmer ausgeleert. Fairerweise muss ich sagen, dass sie es vorher schon angedroht hatte.

Brita: Mit Freunden durfte man sich immer erst verabreden, nachdem man Hausaufgaben gemacht hatte, Klavier geübt hatte und drei Seiten in einem englischen Roman gelesen hatte.

Nora: Kuchen wurde nur mit Vollkornmehl gebacken. Und die ganze Grundschulzeit war ich die Einzige, die mit so einem Öko-Lederranzen rumrannte.

Brita: Dann mussten wir immer noch Küchendienst machen, jedes von uns drei Kindern wochenweise abwechselnd. Spülmaschine ausräumen, Mülleimer leeren, Tisch abräumen, unseren Kater Rudi füttern. Mann, war ich froh, wenn du oder Nils Küchendienst hattet.

Nora: Irgendwann fing das noch an, dass wir immer die Dusche trocken machen mussten. Das hat sie sich von unserer Tante abgeguckt, da mussten die Kinder auch so viel im Haushalt machen.

Brita: Samstags mussten wir unsere Zimmer aufräumen und Staub wischen. Und dann dieser Vitamin-Zwang. Oft gab es doch vor dem Mittagessen eine Möhre zu essen. Manchmal waren die so trocken, dass ich die Reste einfach in meinem Zimmer hab vergammeln lassen.

Nora: Stimmt, ich erinnere mich noch, wie ich in deinem Zimmer Reste gefunden habe. Ich habe die immer ganz aufgegessen! Aber eine Sache ist mir letztens aufgegangen: Ich wurde immer für gute Leistungen belohnt. Bei jeder Eins oder Zwei, die ich im Hauptfach mit nach Hause brachte, durfte ich mir ein Kleidungsstück aussuchen. Leider kann ich mich nur an ein Mal erinnern, als ich mir einen schönen blauen Nike-Pulli aussuchen konnte. Sonst waren meine Noten nicht so gut. Heute mache ich es genau umgekehrt: Wenn ich eine richtige Niederlage erleide, dann kaufe ich mir was Schönes! Dadurch habe ich jetzt eine tolle Handtasche und eine grandiose Nähmaschine.

Wenn es Stress mit den Lehrern gab, hat Mama sich meist auf meine Seite gestellt. Sie wusste, dass ich mein Bestes gab, und regte sich z. B. über unverständliche Texte im Geschichtsbuch auf, die mit Fremdwörtern nur so gespickt waren und die ich nicht verstand. Das hat mich gestärkt, ich kam mir nicht so doof vor.

Brita: Beim Essen durften wir uns jeder nur eine Sache aussuchen, die wir nicht essen möchten. Alles andere musste aufgegessen werden, auch wenn es ewig dauerte. Später konnte man sich freikaufen, indem man etwas in die „Arme-Kinder-Spardose" tat.

Nora: Ja, die „Arme-Kinder-Spardose" – da musste man auch eine Mark Strafe reinzahlen, wenn man ohne Helm auf dem Fahrrad erwischt wurde. Dabei hatte Mama sich selbst immer strikt gegen einen Helm gewehrt! Wenn die Dose voll war, haben wir drei gemeinsam entschieden, in welchem Land Kinder davon unterstützt werden sollten. – Erinnerst du dich noch daran, dass jedes zweite Jahr an Weihnachten Geld gespendet wurde, anstatt Geschenke zu kaufen?

Brita: Das weiß ich gar nicht mehr so genau. Scheint uns ja trotzdem nichts gefehlt zu haben an Weihnachten. Ich finde es schön, dass Menschen, denen es nicht so gut ging, bedacht wurden.

Nora: Ja, das finde ich auch. Mit anderen teilen, Menschen in der Welt, denen es nicht so gut geht, mit zu bedenken, ist zu einer Selbstverständlichkeit für uns geworden. Das ist mir bis heute sehr wichtig geblieben.

Brita: Uns wurden Werte gut vermittelt. Auch im christlichen Glauben hat Mama uns stark geprägt. Sie hat ihn so positiv vermittelt, dass wir Gott alles anvertrauen können und dass er gnädig und barmherzig ist. Das war ganz anders als bei Oma, Mamas Mutter, deren Glauben sehr moralisierend war. Von der Oma wurde man zur Seite genommen und ermahnt, dass man Gott nicht ehre, wenn man ein kurzes Top trägt.

Nora: Spätestens als unsere Eltern mir ermöglicht haben, zwei Jahre aufs Internat in Irland zu gehen, ist mir bewusst geworden, wie sehr sie oft ihre eigenen Bedürfnisse für uns zurückgestellt haben. Denn damit war ich mit gerade 16 Jahren ausgezogen. Wir haben uns gegenseitig sehr vermisst, außerdem hat es sie viel Geld gekostet. Für mich war das eine großartige Chance ins selbstständige Leben.

Brita: Ich bin dankbar für die strenge Erziehung, denn es gab einen geschützten Rahmen, in dem ich mich liebevoll geborgen fühlte.

Nora: Wie fandest du es eigentlich, dass Mama immer in ihrem Beruf als Pastorin gearbeitet hat, auch als wir klein waren?

Brita: Das ist mir nie negativ aufgefallen. Für uns gehörte das einfach dazu. Die Gemeinde war wie eine große Familie für uns, lauter Onkel und Tanten. Dass ich nach dem Ballettunterricht ab und zu im Krankenhausflur warten musste, weil Mama den Ausflug nach Göttingen mit einem Krankenbesuch verband, habe ich nicht als schlimm empfunden. Und heute sehe ich Mamas Berufstätigkeit als Vorbild. Ein Leben als Hausfrau könnte ich mir nicht vorstellen. Ich finde es gut, eine Aufgabe außerhalb meiner Ehe zu haben.

Nora: Du erfüllst ja nun auch echt nicht die klassischen Hausfrauen-Eigenschaften.

Mama fand es wichtig, dass wir selbstbewusste und selbständige Frauen werden.

Brita: Stimmt, genau wie Mama. Sie hat uns nicht Stricken und Backen beigebracht, sondern fand es wichtig, dass wir selbstbewusste und selbstständige Frauen werden.

Nora: Ja, da war uns Mama wirklich ein Vorbild; so ist die klassische Rollenverteilung von Mann und Frau mir immer fremd geblieben.

Brita: Was hättest du dir anders gewünscht?

Nora: Ich erinnere mich noch, dass irgendwann der Wunsch bei mir aufkam, Mama solle sich auch mal in so einer typischen ehrenamtlichen Tätigkeit engagieren. Sie hat dann eine Woche bei unserer Schulprojektwoche zum Thema Schülerzeitung mitgearbeitet. Darüber habe ich mich sehr gefreut.

Brita: Und wie hat dich das heute geprägt?

Nora: Ich finde in Sachen Selbstständigkeit und Engagement sind Mama und ich uns ziemlich ähnlich, da habe ich viel von ihr gelernt. Heute unterstützt Mama zum Beispiel jedes soziale Projekt, für das ich mich begeistere und engagiere. Das ist echt eine tolle Anerkennung meiner Arbeit.

Brita: Ich finde es super, dass Mama heute wie eine gute Freundin ist und ich mit ihr vertrauensvoll reden kann. Und ich weiß, dass sie stolz auf mich ist, das gibt mir ein gutes Gefühl.

Nora: Wie hat dir deine Erziehung fürs Leben geholfen?

Brita: Na ja, auf jeden Fall nicht die zwanghafte Überwindung meiner Schüchternheit. Das war häufig ein Thema für Mama. Ich erinnere mich noch deutlich, wie ich mal verschimmelte Tomaten gekauft hatte. Das konnte man in der Packung nicht sehen, erst zu Hause. Der Supermarkt war zwei Kilometer mit dem Fahrrad entfernt. Mama bestand darauf, dass ich die Tomaten zurückbringe. Sie meinte, dass ich meine Schüchternheit überwinden müsse. Aber ich fand es einfach blöd, da noch mal mit dem Fahrrad hinfahren zu müssen. Ja, in mancherlei Hinsicht bin ich deutlich schüchterner als Mama. Aber das sehe ich nicht als Nachteil, deswegen halte ich mich nicht für weniger selbstbewusst. Trotz meiner Schüchternheit kann ich Dinge, die mir wichtig sind, gut regeln. Ich stehe nur nicht so gerne im Rampenlicht.

Ich möchte meine Kinder konsequent erziehen, ihre Selbständigkeit fördern und sie zu sozialem Engagement ermutigen.

Aber ich könnte mir vorstellen, dass ich eine ähnlich konsequente Erziehung für meine Kinder übernehmen werde, ihre Selbstständigkeit fördern und sie zu sozialem Engagement ermutigen möchte.

Nora: Ich denke, ich würde meine Kinder auch konsequent erziehen. Klare Grenzen und Strukturen sind so wichtig. Vielleicht kann man hin und wieder auch mal fünfe gerade sein lassen und auf eine Möhre verzichten.

Quellenverzeichnis

Albrecht, Erich/Hurrelmann, Klaus (Hg.): Jugend 2015. 17. Shell Jugendstudie © Fischer Taschenbuch, Frankfurt 2015.

Bisig-Theiler, Anita: Wege zu einem besseren Miteinander innerhalb der Mutter-Tochter-Beziehung im Erwachsenenalter. Masterarbeit an der Züricher Hochschule für angewandte Wissenschaft, Zürich 2013, unter: https://doi.org/10.21256/zhaw-923, Zugriff am 30.04.2017.

BLIKK-Medienstudie. Stiftung Kind und Jugend im Berufsverband der Kinder- und Jugendärzte e.V., Düsseldorf, unter www.stiftung-kind-und-jugend.de/projekte/blikk-studie/

Brisch, Karl Heinz: Bindungsstörungen. Von der Bindungstheorie zur Therapie © Klett-Cotta, Stuttgart, 9. Auflage 2009.

Das neue Gotteslob © Norddeutscher Metropolieverlag, Osnabrück 2013.

Drewermann, Eugen: Das Markusevangelium. Erster Teil © Walter, Olten/Freiburg, 4. Auflage 1989.

Furmann, Ben: Es ist nie zu spät, eine glückliche Kindheit zu haben © Borgmann, Dortmund, 6. Auflage 2013.

Feuerbach, Leonie: „Für immer und mich“, aus: Frankfurter Allgemeine Sonntagszeitung 3/2017, S. 11.

Gebrüder Grimm: Grimms Märchen © eins zum anderen Media, Kuppenheim 2014.

Gute Nachricht Bibel, revidierte Fassung, durchgesehene Ausgabe in neuer Rechtschreibung © 2000 Deutsche Bibelgesellschaft, Stuttgart.

Gröne, Margret: Wie lasse ich meine Bulimie verhungern © Auer Verlag, Heidelberg, 2. Auflage 1997.

Haarmann, Claudia: Mütter sind auch Menschen. Was Töchter und Mütter voneinander wissen sollten © Orlanda, Berlin, 3. Auflage 2014.

Hoffnung für alle © 1983, 1996, 2002 International Bible Society. Übersetzung,
Herausgeber und Verlag: Brunnen Verlag, Basel und Gießen.

Jung, Mathias: Schneewittchen. Der Mutter-Tochter-Konflikt © emu, Lahnstein, 4. Auflage 2013.

Lutherbibel, revidierter Text 1984, durchgesehene Ausgabe in neuer Rechtschreibung © 1999 Deutsche Bibelgesellschaft, Stuttgart.

Palitzsch, Dieter/Stolecke, Herbert (Hg.): Forum für Jugendmedizin. Normale und gestörte Pubertät © Dokument + Bild, Ankum 1994.

Riva, Maria: Meine Mutter Marlene © Goldmann, München 2000.

Röhl, Bettina: So macht Kommunismus Spaß © Europäische Verlagsanstalt, Hamburg 2006.Saint-Exupéry, Antoine de: Der Kleine Prinz, aus: ders.: Gesammelte Schriften. Band 1 © dtv, München 1978.

Saint-Exupéry, Antoine de: Wind, Sand und Sterne, aus: ders.: Gesammelte Schriften. Band 1 © dtv, München 1978.

Schnitt, Annemarie: Die Straße der Gedichte, unter: www.schnitt-und-co.de, Zugriff am 30.04.2017. © bei der Autorin.

Schwickert, Martin: „Die Neurosen motivieren uns", aus: Hessisch Niedersächsische Allgemeine Zeitung vom 25.05.2016, Kulturseite, S. 10.

Sellmair, Nikola/Teege, Jennifer: Amon. Mein Großvater hätte mich erschossen © Rowohlt, Reinbek bei Hamburg 2013.

Umek, Julia: Was sagt mir meine Kindheit? Die eigene Entwicklungsgeschichte erkennen und beeinflussen © Kneipp, Wien 2011.

Wardetzki, Bärbel: „Bulimie – der Hunger nach Anerkennung", aus: Gestaltkritik – die Zeitschrift mit Programm des Gestalt-Instituts Köln/GIK Bildungswerkstatt, Heft 1 1995, online unter www.gestaltkritik.de, Zugriff am 30.04.2017.

Wardetzki, Bärbel: „Iß doch endlich mal normal! Welche Rolle spielen die Angehörigen im Rahmen einer Magersucht oder Bulimie?", aus: Gestaltkritik – die Zeitschrift mit Programm des Gestalt-Instituts Köln/GIK Bildungswerkstatt, Heft 1 1996, online unter www.gestaltkritik.de, Zugriff am 30.04.2017.